50개 건축물로 읽는 세계사

모두의 인문학
01

50개 건축물로 읽는 세계사

고대 피라미드에서 국립현대미술관 서울까지

정태종 지음

스테이블

차례

1장
서양 사회, 세계사의 시작과 건축

2장
동양 사회, 자연과 발맞추는 건축

3장
현대 사회, 새로운 시대를 담는 건축

이야기를 시작하며

한 사람이 살아 있는 시간을 100년 이상으로 잡는다고 해도, 지구와 인간의 역사를 이해하기에는 턱없이 부족한 시간이다. 그래서 우리는 오랫동안 쌓인 인류의 결과물을 역사라는 이름으로 배우는 것일 테다. 인간은 인류 사회의 변천과 흥망의 과정을 통해 지혜를 배우고 그것을 이용해 미래 사회를 만든다. 다만, 역사란 것 자체가 몹시 복잡하고도 거대한 용광로 같아서 전체를 이해하기는 쉽지 않다. 결국 역사를 올바르게 이해하기 위해서는 다양한 관점이 필요하다.

문제는 인류의 역사가 너무나 방대하다는 점이다. 알아야 할 인물과 역사적 사건은 왜 이리도 많은지 그 관계도를 살펴보면 상상하는 그 이상의 복잡함을 넘어선다. 그래서인지 세계사는 너무 어렵다고 느껴진다. 인류와 세계에 관한 관심을 두고 아무리 단단히 마음을 먹어도 지레 포기하기 마련이다. 게다가 시험을 위해서 알록달록한 형광펜으로 줄을 치면서 외우는 지식은 잊어버리기 쉽다. 요약에 요약을 거쳐 만들어진 핵심 세계사는 또 어떤가. 전후 설명 없는 압축으로 이해는커녕 암기의 대상으로 전락하게 된다. 이런 식으로 공부하면 세계사의 즐거움을 알기 어렵다. 그렇다면 재미있게 세계사를 이해하는 방법은 없을까? 예를 들면 건축으로 인류의 역사를 읽어 보면 어떨까?

건축은 도시의 상징물이자 랜드마크(Landmark, 특정 지역을 식별하는 데 적당한 사물)인 경우가 많다. 프랑스 하면 파리의 에펠탑, 이탈리아 하면 로마의 콜로세움이나 피사의 사탑, 대한민국 하면 서울의 숭례문처럼 국가나 도시의 이미지를 가장 명확하게 하는 아이콘이 건축이다. 즉, 직접 가 보지 않아도 그 도시의 느낌을 알 수 있게 해 준다. 건축가도 이런 사실을 잘 알기 때문에 건축물의 형태, 겉모양, 건축 재료 등 다양한 요소를 이용해 눈에 띄는 랜드마크가 되도록 설계한다.

외부뿐만 아니라 내부 공간도 살펴봐야 한다. 이곳은 주로 거주자의 몫이다. 역사적 흔적이나 사회적으로 중요한 사건은 내부 공간에서 일어나는 경우가 많다. 건축가가 계획한 공간이지만, 실제로는 이곳에 머물며 사용하는 거주자가 중심이 된다. 그래서 어찌보면 거주자가 마지막 건축가의 역할을 한다고도 볼 수 있다. 이렇게 건축물은 안팎으로 다양한 스케일에서 사회와 역사에 대해 말해 주기에, 건축을 통해 세계사를 잘 이해할 수 있다.

건축을 통해 세계사를 이해하는 것은 기존의 방식과는 다른 접근이기 때문에 모험이기도 하다. 그러나 언제나 그렇듯 모험을 하지 않으면 얻지 못하는 것들이 있다. 건축은 그 시대의 사회상을 반영하며 긴밀하게 연결돼 있다. 그러므로 새로운 시각과 방식으로 지금까지와는 다른 세계사를 이해할 수 있다.

건축을 통해 세계사를 이해하는 데 장점은 많다. 우선 지루한 연대기의 나열을 피할 수 있다. 복잡하고 어려운 인물의 이름과 사건을 줄줄이 외워야 하는 것에서도 벗어날 수 있다. 이것만으로도 새로운 방식의 세계사에 도전할 가치가 있지 않을까? 물론 건축에도 복잡한 용어와 생소한 이름들이 등장한다. 그렇지만 굳이 암기하지 않아도 사진을 구경하며 천천히 읽어도 흐름을 이해하는 데는 무리가 없다. 의외로 시대를 대표하는 중요한 건축 양식들은 생각보다 복잡하지 않다.

이 책은 우선 동서양의 각 시대를 대표하는 건축 사례를 선정해 역사를 설명한다. 고대 서양과 동양부터 근대와 현대사회까지 시간과 공간에 맞춰 선정했다. 특히 현대사회 부분에서는 가능하면 직접 가 볼 수 있는 우리나라의 건축물 위주로 선정했다. 책을 읽은 후 그 모습을 확인한다면 더 수월하게 이해할 수 있으리라 생각했다. 그만큼 한국 현대건축의 수준이 높아지고 있다는 건축가로서의 자

존감도 작동했다.

　건축물 선정 후에는 각 시대의 문화를 대표하는 키워드로 역사에 대한 이해를 높이고자 설명했다. 예를 들면 이집트 시대는 '촉각', 그리스와 로마 시대는 '신화', 로마네스크와 고딕은 '빛과 공간의 분위기', 르네상스는 '미술과 예술 양식', 근대사회는 '고전 음악' 등을 이용했다. 건축이 시대를 대표하는 하드웨어라면, 문화는 그 공간을 채우는 소프트웨어이다. 그러므로 건축과 함께 등장하는 문화 키워드는 세계사를 이해하는 과정에 좋은 동반자가 될 것이다.

1장

서양 사회,
세계사의 시작과 건축

유럽 대륙을 중심으로 하는 서양 문명과 문화는 고대 이집트와 메소포타미아의 영향 아래 오랜 세월 동안 합치고 흩어지기를 반복하며 복잡하게 변화했다. 서양 사회는 신들의 땅인 그리스와 끝없는 영토를 보유한 로마제국의 영향력이 여러 차례 나타나고 사라지기를 계속하는 동안 세계사의 중심을 차지하게 된다. 특히 근대와 현대사회는 대항해시대를 통한 서양에 의한 정복 식민지 시기를 거치면서 더욱 더 서양 사회를 중심으로 돌아가게 되었다. 그렇다면 서양 사회는 어떻게 형성되었고 발전해서 현재에 이르렀을까?

우선, 그리스와 로마 지역의 고대 지중해 문명은 그리스도교와 함께 유럽 문화의 기초를 마련했다. 이후 로마제국의 번성과 몰락과 함께 중세시대가 열린다. 게르만족의 이동 이후 정치적 혼란 속에서 중세 서유럽에서는 봉건사회(영주와 농노가 기본 계급인 사회)가 점차 성립돼 갔다. 서유럽은 봉건제와 그리스도교를 근간으로 독자적인 문화권을 형성했고, 동로마제국의 동유럽에서는 비잔틴제국이 그리스 정교와 그리스 문화를 기반으로 한 비잔틴 문화권을 탄생시켰다.

이후 서유럽은 동유럽으로부터 다양한 문화적 영향을 받아 근대 유럽 문화가 탄생하기에 이른다. 특히, 서유럽에서는 십자군 전쟁 이후 점차 봉건사회의 기틀이 무너지고 교황권이 쇠퇴해 중앙집권적 국가가 형성되었는데, 이 과정에서 이슬람 문화의 영향도 받았다. 이렇게 시작된 유럽은 무려 1,500년이 넘는 기간 동안 그리스와 로마가 실질적 주인이었다.

이윽고 시작된 중세시대에 대한 저항과 인간과 자연에 대한 새로운 각성이 15세기 말~16세기 말 르네상스를 통해 나타난다. 이후 종교개혁, 신항로의 개척, 절대왕정의 수립 등을 거치면서 중세시대와는 다른 근대사회가 형성되었다. 새로운 사회로의 변화 과정에서 유럽 사회를 지배한 정신은 합리주의, 개인주의, 세속주의였으며, 이를 중심으로 삼은 시민계급이 성장해 자유와 평등의 이념을 발전시켜 나갔다.

19세기에 유럽을 지배한 자유주의, 민족주의, 민주주의는 이러한 역사적 변화 한복판에서 성장했다. 그러나 이 사상들이 순조롭게 형성된 것은 아니다. 개인과 민족의 자유가 시련을 겪기도 했으며, 산업혁명 후 성립된 자본주의에 대한 비판 속에서 사회주의도 등장했다. 또한, 새로운 대륙 속 자본주의의 성장과 함께 민족국가의 출현에 적합한 현대사회와 문화도 탄생했다.

유럽의 서양사는 복잡해도 너무 복잡하다. 하루도 바람 잘 날 없다는 말이 딱 맞다. 하지만 이렇게 복잡한 서양사도 건축으로 보면 조금은 정리가 수월해진다. 각 시대를 대표하는 건축양식을 살펴보면 그 시대의 특성을 파악할 수 있다. 그렇게 전반적인 세계사의 뼈대를 알고 난 후 취향에 따라 더 깊게 들어간다면 서양사 이해의 폭을 넓힐 수 있다.

이집트는 '피라미드'로, 그리스는 '파르테논'으로, 로마제국은 '콜로세움'으로, 중세시대는 '로마네스크와 고딕 성당'으로, 르네상스와 근대는 '신고전주의와 장식이 없는 미니멀리즘의 새로운 건축양식'으로 서양 사회를 꿰뚫어 보자.

고대 문명기 :
이집트·메소포타미아 문명

　인류는 5,000년 전 농경과 정착 생활을 시작한 신석기 문화를 바탕으로, 기원전 3,000년경을 전후해 본격적인 문명사회로 진입했다. 나일강을 중심으로 한 이집트, 티그리스 강과 유프라테스 강 유역의 메소포타미아, 황허의 중국, 인더스 강의 인도에서 동시에 발생한 '세계 4대 문명'은 청동기와 문자 사용, 종교의 발전, 신분과 계급의 탄생, 국가 출현, 도시의 발달 등이 특징으로 우리가 사는 현대사회의 바탕이 되었다. 그중 서양 사회에 커다란 영향을 주며 밀접한 관계를 맺는 것이 이집트와 메소포타미아 문명이고, 이를 상징하는 건축물이 '피라미드'와 '지구라트'이다. 이 건축물들은 직접적인 영향을 주고받기가 먼 거리임에도 불구하고 형태가 매우 유사하다. 이런 사각뿔 형태는 특별한 설계나 소재 없이도 높고 크게 쌓기가 편리하기 때문에 세계 곳곳의 문명권에 비슷한 유적이 많이 건축돼 있다. 지극히 인공적인 기하학 형태의 건축물과 이를 만들어 낸 인류 최초의 문명에 대해 살펴보자.

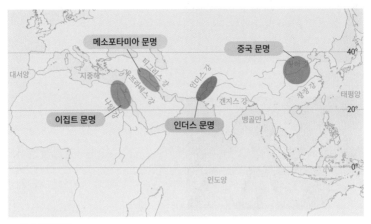

● 세계 4대 문명.

피라미드 꼭대기의 건축 미스터리

북아프리카의 나일 강을 중심으로 하는 이집트는 폐쇄적인 지형적 특성으로 인해 외부로부터의 침입이 드물어 왕조가 오랫동안 유지되었다. 때문에 영혼 불멸과 사후 세계를 믿는 내세적 가치관이 생겨났다. 또한 많은 신을 믿는 다신교 문화, 도시 그 자체가 정치적으로 독립한 도시국가, 나일 강에 대규모 관개 사업 통한 농경문화, 통치자가 나라를 다스리는 강력한 전제군주제가 발달했다. 이 외에도 나일 강의 범람을 예측하는 태양력, 10진법, 측량술, 기하학, 상형문자 등이 이집트 문명의 특징이다.

이집트 건축은 건물의 무게를 지탱하도록 설계된 벽인 '내력벽'

● 조적식 구조인 룩소르 신전 성소.

● 가구식 구조인 룩소르 신전 하이포스타일 홀.

● 오벨리스크.

을 이용한 '조적식 구조'와 '기둥'을 이용한 '가구식 구조'를 모두 사용한다. 조적식 구조는 주로 흙벽돌을 이용한 벽 돌쌓기로 건축물을 만드는 방식인데 피라미드가 대표적이다.

기둥과 이를 걸치는 나무인 '보'를 이용한 건축을 가구식 구조라고 하는데 이집트에서는 신격화된 왕에게 행하는 종교의식을 위한 신전 건축에서 주로 사용했다. 석조 가구식 구조가 발달해서 기둥은 석재, 보는 석재 혹은 목재를 이용했으며, 석재 가공 기술 또한 발달해 석조 기둥을 만들었는데 이는 이후 그리스 문명에도 큰 영향을 끼쳤다. 또한 전쟁의 승리, 왕의 업적, 태양신을 상징하는 기념탑인 '오벨리스크'도 만들어졌다. 현대사회에도 사용하는 건축 구조가 이집트 시대에 완성된 셈이다.

이집트 왕국의 문화적 특성을 보여 주는 대표적인 건축물은 피라미드다. 피라미드는 신과 같은 절대적인 왕권을 상징하기 위한 거대한 건축물로, 이집트 왕 파라오의 무덤이다. 현세는 일시적 주거이고 사후에 머무는 곳이 영원한 주거 공간이라고 믿었던 종교관에 의해 만들어진 분묘(송장이나 유골을 땅에 묻어 놓은 곳) 양식이다. 이로 인한 영혼 불멸과 육체 복귀 사상으로 피라미드 내부에는 파라오의 사체를 방부 처리한 후 미라 상태로 만든 것과 사후 생활에 필요한 물품이 보관돼 있다.

주요 피라미드의 종류와 변천 단계는 몇 가지로 나누어지는데 초기의 '마스타바'에서 시작해 계단형 피라미드, 굴절형 피라미드, 일반형 피라미드 등으로 변화한다. 이집트 왕조 초기에 왕, 왕족, 귀족

● 셉세스카프 왕의 마스타바.

● 스네프루 왕의 계단형 피라미드.

● 스네프루 왕의 굴절형 피라미드.

● 기자의 일반형 피라미드군.

의 분묘로 건설된 마스타바는 지붕과 벽으로 구성된 단순한 형태이며, 계단형 피라미드는 마스타바가 다수의 계단과 겹쳐진 형태다. 굴절형 피라미드는 사면이 완만한 곡면으로 이루어진 사각뿔 형태의 피라미드이고, 이후 일반적인 사각뿔 형태의 피라미드로 변화한다.

●대피라미드와 스핑크스.

'기자의 피라미드 지구'는 세계 7대 불가사의 중 하나이자 유일하게 현존하는 이집트 카이로 기자 평원의 피라미드 유적지다. 이곳은 기자의 대피라미드, 카프레의 피라미드, 멘카우레의 피라미드 등 3대 피라미드를 비롯해 소규모 피라미드와 기자의 스핑크스를 모두 포함한다. 기원전 2560년 무렵에 세워진 쿠푸의 피라미드는 기자의 피라미드 중 가장 크고 오래된 것으로 알려져 있으며, 대피라미드라고도 불린다. 대피라미드는 밑변의 한 변은 232m, 높이는 146m로 완공에 약 20년이 걸렸다. 약 230만 개에 이르는 석회암과 화강암으로 이루어진 피라미드의 제작에는 약 550만 톤의 석회암, 아스완에서 채굴된 8,000톤의 화강암, 50만 톤의 모르타르(시멘트와 모래를 반죽한 것)가 사용되었다. 피라미드에 사용한 평균 석재 크기가 약 2.5톤이며, 가장 큰 석재는 왕의 방에 사용된 약 80톤으로 800km나 떨어져 있는 아스완의 채석장에서부터 운반되었다. 피라미드는 당시의 놀라운 토목과 건축 기술을 반영하는데 꼭대기의 석재를 올리는 방법

은 현재까지도 밝혀지지 않고 있다. 〈인디아나 존스〉나 〈이집트의 왕자〉 등 우리에게도 익숙한 수많은 영화의 단골 배경이며, 모험의 대명사가 된 이집트는 5,000년이 지난 현재에도 자신만의 비밀을 숨긴 채 고고하고 당당하게 서 있다.

바벨탑을 닮은 지구라트

이집트 문명과 멀지 않은 지역에서 탄생한 유사하면서도 또 다른 메소포타미아 문명. 현재 중동 지역인 서아시아 티그리스 강과 유프라테스 강 사이의 메소포타미아 지방에서 발생한 고대 메소포타미아 문명은 기원전 4,000년경~330년 사이에 구바빌로니아, 신바빌로니아, 아시리아, 페르시아 등 서아시아의 여러 국가에서 전개된 문명이다. 쐐기 문자, 태음력, 60진법, 현세 중시의 다신교, 최초의 성문법(문서의 형식을 갖춘 법), 창세기 신화 등으로 대표된다. 이곳은 이집트와는 달리 외부 환경에 노출된 개방적인 지형으로 인해 주변 종족의 침입이 많아 믿음이나 생각이 현세에 가치를 둔 '현세적인 사상'이 발달했다.

서아시아 지방은 자연환경이 황량하고 민족 간의 전쟁이 빈번했기 때문에 성곽도시가 발달했다. 외부에 대해 폐쇄적이고 방어적이며 집단적인 군집 생활을 했으며 이로 인해 각 민족은 도시국가를 형성했다. 도시국가는 외부의 침입에 대비하고 자연을 극복할 수 있는 성벽 중심의 구조로, 도시 주변에 2~3중의 성곽을 건설하고 주요 지점에 성문을 설치했다. 성내의 건물도 외부에 대한 폐쇄적이며 내향적인 구조를 반복해서 사용했다.

메소포타미아 건축양식은 지역의 자연환경상 유일한 건축 재료인 점토로 흙벽돌을 만들어 이용하고, 유프라테스 강 유역의 풍부한 천연 아스팔트를 접착제로 사용한 조적식건축(돌이나 벽돌을 쌓아 벽을 만드는 것)이 특징이다. 또한 내력벽과 함께 측면에 가해지는 압력에 견딜 수 있도록 외벽에 보강용 벽체 역할의 부축벽을 쌓아 벽체를 구조적으로 보강했다. 이러한 조적식 구조를 바탕으로 아치(Arch, 창문 등에 걸쳐 놓은 곡선형 구조물) 및 볼트(Vault, 무지개같이 한가운데가 높고 길게 굽은 천장이나 지붕) 공법을 개발해 도시와 건

● 메소포타미아의 조적식 건축양식.

● 우르의 지구라트.

축물의 주요 출입구, 성문, 배수로 등에 사용했다.

메소포타미아 건축을 대표하는 것은 '세워 올린 탑'이라는 뜻의 지구라트이다. 고대 메소포타미아의 도시가 모시던 신에게 바친 성탑으로, 주로 햇볕에 말리거나 구워 만든 벽돌로 지어졌고 다층 구조의 기단(한 층 높게 쌓은 단) 위에 신관만이 출입할 수 있는 신전이

바벨탑

구약성서 〈창세기〉 제11장에 나오는, 벽돌을 사용해 피라미드형으로 높이 쌓아 올렸다는 탑. 온 세상이 같은 말을 쓰던 시절에 하나님이 사람들에게 각자의 언어를 주어, 탑을 쌓던 사람들은 더 이상 소통이 되지 않아 뿔뿔이 흩어졌다는 이야기.

서양 사회, 세계사의 시작과 건축

세워져 있다. 모양은 초창기 계단식 피라미드와 유사하다. 가장 규모가 큰 바빌론의 에테멘앙키 지구라트는 기원전 6세기 신바빌로니아 시대에 7단에 90m의 높이로 세워졌다. 유대인들은 이를 보고 위압감을 느꼈으며, 그로 인해 구약 성서의 바벨탑 이야기가 지구라트를 근거로 했다는 설도 있다.

지구라트 중 가장 대표적인 우르의 지구라트는 기원전 2060년경 제3왕조 때 우르남무에 의해 건설되었다. 이곳은 1층 바닥 규모가 62.5×43×11m로, 2층은 38.2×26.4×10.5m 등 3단 평면 위에 6.5m 높이의 사당까지 T자형 대칭 계단이 이어지도록 계획됐다. 제일 아래 단은 내부에 흙벽돌을 사용하고 외부에는 상당한 두께의 벽돌을 쌓았으며, 2층 기단에는 수목을 심어 공중정원을 조성했다. 우르의 지구라트는 현재 3단 정도가 남아 있는데, 가장 아래 단은 우르 제3왕조 시대 만들어진 원형 그대로이고 상부의 단들은 신바빌로니아 시대에 새로 개축한 것이다.

촉각 중심의 문화와 조적식건축

이집트와 메소포타미아로 대표되는 인류의 고대 문명은 현재 관점에서 보면 불합리하고 개선해야 할 것투성이다. 농경과 왕권 사회의 배경인 다신교와 영혼 불멸이나 육체 복귀라는 사상은 현대사회와는 많이 동떨어져 있다. 고대 문명은 그림이나 영화 같은 시각적 정보가 중심인 현대사회와는 다르게 조각이나 부조 같은 촉각을 바탕으로 형성된 문화이다. 2차원적인 시각보다 3차원의 실제적 감각인 촉각이 더 명확하게 인지되는 것은 당연하다. 때문에 단일교인 기독교 사상의 바탕으로 보면 불합리해 보이는 다신교와 윤회 사상 등이 종교나 사회를 지배했던 것은 아닐까.

건축의 관점에서 유리와 철 등 최신 건축 재료를 이용한 현대사회의 초고층 마천루를 고대 문명의 피라미드나 지구라트와 비교한다면, 시대에 따라 사용할 수 있는 건축 재료의 한계에 따라 시대의 건축이 만들어진다는 사실을 알 수 있다. 고대 문명은 흙벽돌이나 석재, 나무 등 자연에서 얻은 건축 재료를 이용한 건축이 중심이다. 건축 재료의 측면에서 보면 효과적인 구조와 최대의 공간을 구현하는 현대사회가 더 뛰어난 부분이 있다. 그렇지만 단순하고 자연의 재료를 이용한 고대 문명의 건축에는 현대사회에서 구현하지 못하는 건축의 원리가 숨어 있다. 피라미드나 지구라트는 건축 재료의 한계를 극복할 정도의 거대한 규모로 지어졌다. 내부 공간의 비밀은 아직도 다 풀지 못했고 건축 원리와 한계에 대한 수많은 추측만이 있을 뿐이다.

그런 측면에서 고대 이집트와 메소포타미아 문명이 가진 뛰어난 점을 잊지 말아야 할 것이다. 다음 차례는 고대 문명을 바탕으로 서양 문명의 원류가 된 그리스 문명이다.

서양 사회, 세계사의 시작과 건축

그리스, 신들의 사회 :
아테네의 신전

고대 그리스인들은 문명의 발상지인 고대 이집트와 메소포타미아 지역을 뜻하는 '오리엔트'를 받아들여 자유롭고 인간적인 문화로 발전시켰다. 그리스 문화는 역사가 헤로도토스의 "빛은 동방으로부터"라는 말처럼 동방 문명을 받아들여 헬레니즘 문명으로 발전시켰고, 로마인은 여기에 실용적이고 효율적인 요소를 추가해 그리스와 로마를 중심으로 찬란한 지중해 문명을 이룩했다.

그리스 로마 신화로 우리에게도 익숙한 그리스 신들의 사회와 문화를 건축을 통해서 새롭게 살펴보자. 서양 문화의 원조 격이기도 한 그리스 문명과 대표 건축물을 만나볼 수 있을 것이다.

서양 문명의 원조가 된 그리스 문화

그리스는 지리와 기후가 다양하기에 이러한 것들이 그리스인의 성격과 생활양식에 영향을 끼쳤다. 노천극장과 의회가 발생했고, 강한 동족 의식을 근거로 한 '올림피아 제전'이 만들어지기도 했다. 그리스는 기원전 1,000년경 씨족사회(혈연 공동체 중심의 사회)가 붕괴하고 경제·군사적 이해관계를 가진 귀족들이 모여 도시국가(폴리스)를 형성했다. 폴리스는 그리스 본토에만 100여 개나 되었는데 지리적 폐쇄성으로 정치·경제적으로 통일을 이루지 못하고 독립적이며 개성적인 성격이 드러난다. 폴리스는 국가의 주권이 국민에게 있고, 국민의 의사에 따라 정치를 운용한다는 '민주정치'를 발전시키기도 했다.

기원전 492~479년, 그리스는 페르시아의 소아시아에 있는 식민지 진출과 관련된 페르시아 전쟁에서, 아테네와 스파르타의 승리로 전성기를 맞이한다. 그러다 이를 견제한 스파르타가 패권을 장악하고 기원전 338년, 그리스는 마케도니아의 알렉산더 대왕에게 멸망하게 된다.

그리스의 문화는 인간과 현세 중심적이고 합리적인 특성을 가지며 자유로운 공동체 생활, 창조적 진리 탐구 정신, 인간과 자연을 이성적으로 파악하고자 했다. 종교는 다신교로 신들에게 인간적인 성격을 부여했다. 자연의 모든 사물과 현상에는 영적이고 생명적인 것이 있다고 믿었고, 올림포스 산에 산다고 전해지는 12명의 신이 주요한 신앙의 대상이었다. 제우스, 헤라, 포세이돈, 데메테르, 아테나, 아폴론, 아르테미스, 아레스, 아프로디테, 헤르메스, 헤파이스토

서양 사회, 세계사의 시작과 건축

스, 디오니소스로 이루어져 있다.

기원전 5세기에 자연과 우주의 근원을 합리적으로 연구하는 '자연철학'과 이러한 학문의 옳고 그름을 따지는 변론가 '소피스트'가 등장했고, 기원전 5세기 말 소크라테스·플라톤, 기원전 4세기의 아리스토텔레스 등을 통해 인간 철학의 전성시대를 열었다.

문학과 미술과 건축은 조화와 균형을 중요시했다. 그리스 동쪽과 소아시아에서는 건축과 조각에 적합한 재료인 양질의 대리석이 채굴되어, 이를 사용한 기념비적 건축과 조화된 형태미를 조각할 수 있게 되었다. 그리스인의 창조 정신, 아름다운 경관, 풍부한 대리석 등은 입체 예술을 비롯한 건축과 조각의 부흥을 일으켰다.

'신도 인간처럼 집이 있을까?'

고대 그리스 문명의 대표적 건축물은 신의 거처인 '신전'이다. 그리스인들은 신들이 인간과 닮았으며 일상생활과도 밀접하다고 믿었다. 이상적인 인간처럼 신을 숭배했고, 신상을 신전에 두었다. 그리스의 토지나 도시는 각 신에게 바쳐졌으며, 이 신들을 위한 크고 작은 신전들이 많았다. 이는 개방적인 시민 생활의 일부로서, 그리스 문화의 근본이자 가장 특징적이고 주된 건물 형태다. 그리스인들은 신을 인격화하면서, 신도 인간처럼 집이 있다는 개념에서 신전 건축을 발전시켰다. 특히 내부 공간보다 외관의 아름다움을 중요시했다. 결과적으로 그리스 신전은 질서와 균형을 가진 구성을 보여 주며, 외부 공간의 미학적 완성을 이루게 되었다.

그리스 신전 건축은 터보다 한 층 높게 쌓은 단인 '기단', 기둥, 기둥 위에 얹히는 재료 '엔타블러처'로 나뉘며, 이 세 부분의 조합이 '오더'라고 하는 건축양식이다. 여기에는 도리아식, 이오니아식, 코린트식 오더가 있다. 도리아식은 남성적인 강인함과 엄격함을, 이오니아식은 여성적인 우아함과 선명한 아름다움을, 코린트식은 그리스인들보다 로마인들이 훨씬 더 많이 사용했는데 기둥 위를 아칸서스의 잎모양으로 장식해 가냘프면서도 화려한 상징적인 의미를 더했다. 기둥 장식의 종류로 공간의 의미와 분위기가 부여되었고, 이것들은 이후 그리스 로마 건축의 양식을 만드는 기준이 되었다. 양식의 모든 장식은 건축가 비트루비우스가 연구한 인체 비례에 따라 세밀하게 규정되었다.

그리스 건축은 기둥과 보로 구성된 가구식 구조로 초기에는 흙벽

● 도리아식 기둥.

● 이오니아식 기둥.

● 코린트식 기둥.

서양 사회, 세계사의 시작과 건축

돌, 테라코타(점토를 구운 것), 목재를 이용했으며 기원전 6세기 이후부터 중요한 건물들에 석재를 사용하기 시작했다.

고대 그리스 정신의 집대성, 파르테논

아테네 도시 위의 아크로폴리스(고대 그리스의 도시 중심)에는 에레크테이온, 아테나 니케 신전, 파르테논 등 세계에서 가장 유명한 신전들이 자리 잡고 있다. 파르테논은 아크로폴리스에서 최초로 건설된 가장 큰 건축물로서 도리아식 신전의 완성작이며 그리스 건축의 기념비적 걸작이다.

페르시아 전쟁이 끝난 기원전 5세기 중엽, 아네테는 이오니아 연방의 지배권을 가지게 된 것을 파르테논을 통해 표현했다. 파르테논은 이오니아적인 특성이 가진 정신적인 부분과 도리아적인 특성의 양식적인 부분을 접목시킨 세련의 극치를 보여 준다.

● 아크로폴리스.　　　　● 에레크테이온.

파르테논은 매우 완성도 높은 형태의 기둥이 건물을 에워싼다. 전면은 대담하고 단순한 도리아식이고 원, 타원, 포물선 같은 요소들이 건물을 구성한다. 계단, 기둥의 맨 위 같은 수평선은 적당히 구부러져 위를 향해 있어, 시각적으로 가운데가 처져 보이는 것을 방지한다.

파르테논 신전은 여러 종교에서 성전으로 사용되는 등 역사적 변화를 겪었다. 470년 비잔

● 파르테논.

틴제국에 의해 그리스도교회로, 1204년 신성로마제국의 대사가 로마가톨릭교회로 사용했다. 1458년 셀주크 제국이 이슬람교의 예배 장소인 '모스크'로 쓰기도 했다. 오늘날의 파르테논은 건물 대부분이 복원되어 맨 처음 지어진 신의 건축으로서 그리스 정신을 전하고 있다.

로마제국의 신전들 다수가 파르테논과 유사한 형태를 지닌다. 다만 로마인들은 그리스인들과 비교했을 때 비교적 실용성을 중요시했기 때문에, 그리스의 거대한 공공 건축물과 달리 신전의 크기가 작다.

또한 유럽의 근세에는 그리스 로마 건축을 이상향으로 삼는 '신고전주의 건축'이 생겨남에 따라, 파르테논 신전은 일종의 건축 교과서로 여겨졌다. 따라서 유럽과 미국 문화권에서는 파르테논 혹은 로마 신전과 닮은 건축물을 여럿 볼 수 있다. 프랑스 파리의 마들렌 성당, 독일 베를린의 국립미술관, 미국 필라델피아에 있는 미합중국제2은행, 연방대법원을 비롯한 많은 관공서들이 파르테논과 비슷한 외관을 지닌다. 미국 테네시 주 내슈빌에는 아예 이름도 파르테논인 건물이 있다.

인간적인, 너무나 인간적인 문화

그리스는 불멸과 영원을 믿었던 고대 이집트나 메소포타미아 문명과는 다르다. 그리스에서는 신이 절대적이고 유일하지 않았다. 오히려 너무나 인간적이다. 그리스인의 현실적 삶이 그대로 투영되어 나타난다. 때문에 인간의 삶을 위한 종교가 필요해졌다. 이와 함께 그리스 문화는 이데아(순수한 이성에 의하여 얻어지는 최고 개념)와 절대 진리의 탐구가 중심이 된다. 대상을 마치 살아 있는 것처럼 재현하는 것이 이 시기 예술의 목표다. 이를 위해 완벽한 비례와 조화를 찾고자 했다. 조각상의 얼굴과 옷자락에서조차 이상적이면서도 실제와 똑같은 진리 찾기가 나타난다. 신은 인간처럼 일상으로 함께하면서 예술에서 완벽성을 추구하는 것은 언뜻 모순된 것처럼 보인다. 무질서 속에서 질서를 찾는 과정, 일상 속에서 진리를 탐구하는 모습이 그리스 문화의 단면일 것이다.

그리스에서 시작한 절대 진리를 찾는 과정은 생각보다 오래 걸린다. 서양 역사 2,000년이 지난 지금까지도 아직 그 답을 찾지 못했으니 말이다. 그리스의 철학과 예술은 이탈리아의 로마로 전해져서 인류 역사상 최고의 문화를 꽃피우게 되고, 이윽고 "모든 길은 로마로 통한다."

모든 길은 로마로 통한다

총 8만km에 달했던 로마의 길은 제국의 중요한 자원을 옮기는 데 중요한 역할을 했으며, 이 길을 통해 고대 세계는 소통과 교류를 할 수 있었다. 즉, 로마 길의 영향력을 상징하는 말이다.

로마의 번영 :
로마제국, 서양을 지배하다

그리스의 진정한 최전성기는 '알렉산더 제국(헬레니즘 제국)' 때이다. 필리포스 2세는 아테네-테베 연합군을 격파해 그리스를 평정하는 데 성공했다. 이후 즉위한 알렉산드로스는 경쟁자들을 제거하고 그리스와 일리리아에서 일어난 반란을 진압했고 페르시아의 영토를 정복했다. 알렉산드로스의 원정으로 그리스, 이집트, 아나톨리아, 페르시아, 인더스 강까지 이르는 헬레니즘 제국이 등장했으며, 동서양의 문화가 만나 헬레니즘 문화가 탄생했다.

헬레니즘 제국의 왕들은 이집트의 프톨레마이오스 왕조처럼 이중적인 구조의 지배를 시도했는데, 그리스인 이외의 민족에게는 그들의 전통과 문화를 존중하며 통치했다. 제국은 알렉산드로스 사후 이집트, 시리아, 마케도니아로 분열되어 기원전 1세기에 로마에게 정복되었다. 이후 로마제국은 지리, 정치, 문화 등 다양한 방면에서 서양 세계를 지배한다.

현대 실용 학문의 기원

고대 로마는 이탈리아 중부의 작은 마을에서 시작해 지중해를 아우르는 거대한 제국을 이루었다. 기원전 8세기 라틴인이 티베르 강에 도시국가를 건국하고, 기원전 6세기 말 에트루리아인 왕을 추방하고 공화정(국민이 선출한 대표자 또는 대표 기관의 의사에 따라 주권이 행사되는 정치)을 수립했다. 이후 귀족이 독점한 집정관과 원로원에서 평민을 보호하는 '호민관 제도', 로마 최초의 성문법인 '12표법', 집정관 1인을 평민에서 선출하는 '리키니우스법', 평민과 귀족이 법률상 동등한 '호르텐시우스법'이 만들어진다. 기원전 264~146년 카르타고와 지중해 사이 해상권 다툼인 '포에니 전쟁'으로 로마는 팽창하지만, 귀족과 평민의 대립이 나타나면서 군인 정치가의 등장 등으로 공화정의 종말을 맞는다. 기원전 27년에서 3세기 초까지 로마제국의 초대 황제 옥타비아누스는 제국 번영의 기틀을 마련했다. 그러나 정복 전쟁이 끝남에 따라 로마의 시장과 경제가 축소되었고, 결과적으로 무역이 쇠퇴하고 화폐경제 체제가 무너지면서 395년, 제국은 동서로 분열된다. 서로마제국은 476년에, 동로마제국은 1453년 오스만튀르크 제국에 의해 멸망하게 된다.

종교적으로는 313년 기독교를 공인하고 392년 국교화해, 기독교가 로마제국의 울타리 안에서 세계종교로서 성장하게 했다.

로마의 문화는 문학과 예술 분야를 중심으로 그리스의 헬레니즘 문화를 계승하고, 법률, 건축, 토목 등에는 로마인의 실용성을 추가했다. 현재 우리가 알고 있는 실용 학문은 대부분 로마에서부터 내려온 것이다. 그중 로마 미술의 특성은 건축에서 유감없이 발휘되고 있다. 기둥과 보가 중심인 그리스 건축의 구성과 에트루리아(이탈리아 중부에 있는 고대 에트루리아인이 살던 지역으로 로마에게 정복되었다)의 성문이나 분묘에 쓰인 아치형을 채용해 기념비적인 건축물을 지었다.

로마 건축의 대표 요소, 아치

로마 건축은 기원전 753년부터 동로마와 서로마로 분리된 365년까지 이탈리아 반도의 로마제국과 유럽, 북부 아프리카, 서아시아 등의 로마 식민지에서 나타난다. 그리스 건축의 형태를 모방해 더욱 발전시켰고 스케일이 큰 건축물을 선호해 아치(곡선형 구조물), 볼트(아치의 원리를 적용한 천장이나 지붕), 돔(반구형의 지붕) 등과 같은 새로운 형태를 개발한 것이 특징이다. 그리스가 보이는 형태의 건축을 추구하는 데 머물렀다면, 로마는 여기서 더 나아가 구조 및 시공 기술의 발달로 내부 공간 위주의 대규모 건축을 선호했다. 이때 실내 디자인 발전에 열쇠를 제공한 것은 화산재와 석회를 혼합한 콘크리트다. 이를 이용해 공간을 확장하고 타일이나 벽돌, 기타 마감 재료의 기반으로 사용했다. 로마 시대를 대표하는 건축물

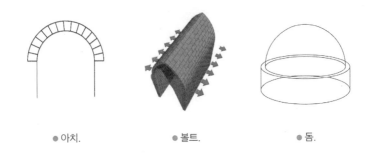

● 아치.　　　　　● 볼트.　　　　　● 돔.

은 콜로세움, 판테온, 수도교, 목욕장 등이 있다.

　로마 건축의 대표적인 요소는 아치를 들 수 있다. 로마의 아치는
그리스의 오더와 함께 서양 고전주의 건축의 양대 산맥을 이룬다.
그리스의 오더는 정교한 재료와 세밀한 비례가, 로마의 아치는 구

● 콜로세움 내부.

● 콜로세움 외부.

조적 우수성과 형태적 가변성이 뛰어난 것이 특징이다. 이 둘은 정반대의 특징일 수 있지만 이를 합하면 비로소 서양 고전주의 건축, 나아가 서양 문명의 기본 틀이 된다. 앞서 말했듯이 외관상의 미를 추구한 그리스 건축과 달리 로마 건축은 내부 공간에 충실을 기했다. 내부를 넓게 하려고 벽돌로 아치를 만들어 사용했으며, 볼트와 돔으로 발전시켜 공간에 자유와 독창성을 주었다. 처음에는 석조로 볼트나 돔을 만들었으나, 아우구스투스 황제 때부터 벽돌을 사용해 가볍게 했다. 여기에 기둥과 보 사용으로 건축물의 완벽한 기능이 발휘되도록 했다.

대표적인 건축물은 콜로세움으로 로마 황제 베스파시아누스가 기원 72년에 세우기 시작해, 아들 티투스 황제가 80년에 완성한 타원형 경기장이다. 둘레 527m, 높이 48.5m, 외관 4층의 규모다.

아치가 2차원적 요소라면, 이를 늘어뜨려 3차원의 공간으로 만든 것이 볼트다. 볼트의 구조적 강점은 둥근 천장에서 나오는데, 흙이 누르는 힘을 견뎌야 하는 터널이나 지하구조물에 흔히 사용된다.

돔은 원형의 천장을 뜻한다. 현존하는 로마 시대 건물 중 가장 완벽한 돔을 보여 주는 것은 판테온이다. '모든 신을 위한 신전'이라는 뜻으로, 현존하는 판테온은 120년경 하드리아누스 황제에 의해 다시 세워진 것으로 무려 2,000년도 더 된 건축물이다. 지름은 43.2m, 벽의 두께는 6.20m, 가운데에는 지름 9m의 원형 천창(지붕에 낸 창)이 있다. 내부로 들어오면 바깥쪽을 향해 코린트식 기둥을 가진 7개의 감실(종교적 목적을 가진 작은 규모의 공간)이 있고, 가운데 둥글고 넓은 마루의 북쪽 입구에는 역시 코린트식 기둥 8개를 나란히

●판테온 외부.

●판테온 내부.

서양 사회, 세계사의 시작과 건축

세운 현관이 있다. 이에 비해 외관은 극히 간소해 내부의 아름다운 공간과는 대조적이다.

수도교와 아피아 가도

로마인들에게 오락과 연애는 생활의 큰 부분이었음을 보여 주는 것이 원형 경기장과 목욕탕이다. 이들은 머나먼 수원지에서 도시 나 마을의 공중목욕탕, 공중화장실, 분수, 사유지에 수돗물을 공급 하기 위해 다양한 수도교(하천이나 도로 위를 가로지르는 수돗물을 받 치기 위해 만든 다리)를 지었다. 이는 농장이나 정원에도 공급되었고, 사용하고 남은 물은 하수처리를 위해 하수도를 거쳐 오수와 폐수 로 배출되었다. 수도교는 공사 지역의 기후와 특성에 따라서 돌과 시멘트나 벽돌을 사용하기도 했다. 3세기 무렵 로마에는 모두 11개 의 수도교가 건설되어, 인구 100만 이상의 도시 경제를 지탱했다.

● 가르다 수도교.

● 세고비아 수도교.

● 아피아 가도.

이후 로마제국이 성장하면서 다른 도시나 지방에도 수도교가 건설되었다. 대표적인 것으로는 '로마의 수도교 공원', 스페인 '세고비아 수도교', 프랑스 남부 도시 님 근처의 높이 275m의 '가르다 수도교'가 있다. 사진에서 보이듯 수도교에 여러 개의 크고 작은 아치형 구조가 나란히 늘어선다.

　로마의 도시 계획은 도로를 중심으로 구성되었다. 마치 현대의 신도시 계획처럼 규칙적이고 효율적으로 도로가 먼저 계획되고, 도시의 중심에는 광장과 공공 건축이 들어섰다. 도로는 돌로 포장되었으며, 당시의 마차 바퀴를 기준으로 폭이 결정되었다. 도심에는 사람의 보행을 위해 도로의 돌을 높여서 횡단보도를 설치했다. '아피아 가도'라는 고대 로마 최초의 고속도로가 만들어지기도 했다.

　　　　　　　　　　　서양 사회, 세계사의 시작과 건축

오늘날에도 일부 사용되고 있는 이 도로는, 로마에서 그리스와 이집트로 가는 가장 빠른 길이었다. "모든 길은 로마로 통한다"는 말도 아피아 가도에서 유래했다. 현재의 도로와 자동차 표준 규격의 기준이 로마에서 시작했다고 하면 과장일까?

인류의 표준이 된 로마의 문화

로마의 문화는 인류 역사의 시대 기준인 기원전과 기원후를 가르는 경계에 있다. 로마제국의 번영과 맞물린 기독교의 탄생과 국교화가 인류의 운명을 어떻게 바꿔 놓았는지 로마인들이 안다면 아마 깜짝 놀랄 것이다. 그만큼 종교뿐만 아니라 전반적인 문화와 문명의 기틀을 만들고 후대에 커다란 영향을 끼친 시대가 로마이다.

로마제국은 정치, 경제, 예술, 과학 등 모든 분야에 발전을 이루며 전 세계를 지배했다. 건축 분야에서는 기존의 직선과 원을 이용한 건축에서 아치라는 효율적인 구조와 3차원의 입체화된 볼트를 사용했다. 즉, 미학과 공학을 결합한 셈이다. 이는 1960년대 서양의 현대건축이 나타날 때까지 건축의 일반적인 원리로 작동했다. 인류는 로마 시대가 사라진 이후에도 그들의 사회와 종교적 시스템을 적어도 2,000년 이상 유지하고 있는 것이다!

중세 시대 전기 :
로마네스크 건축

서양의 중세 시대는 5세기 서로마의 쇠퇴와 15세기 동로마의 몰락까지 무려 1,000년의 시기로 이는 로마제국과 연관이 있다. 기원전 6세기경, 왕이 다스리는 정치를 몰아내고 세워진 로마 공화정은 율리우스 카이사르의 통치와 아우구스투스에 의한 폐지로 로마제국이 되었다. 이후 날로 확장하면서 탄탄대로를 걷는다. 초기의 로마제국은 '팍스 로마나(로마의 황금기)'로 불리며 문화의 전성기를 이룬다.

그러나 절대적 권력과 막강한 사회도 시간의 흐름에 따라 변화가 생기는 법. 기원전 27~330년의 로마제국은 이민족의 침략으로 쇠퇴기에 접어들었고, 기독교 공인 후 교황 선출 문제로 395년 서로마와 동로마로 분할됐다. 서로마가 중부 유럽을 중심으로 로마 가톨릭의 영향력을 중세 시대까지 유지했다면, 동쪽 튀르키예와 중동 지역의 동로마는 이슬람이라는 새로운 정치·종교적 상황에 마주하게 된다. 서로마제국은 5세기 무렵 게르만족의 여러 독립 국가로 갈

라져 프랑크 왕국, 신성로마제국 등 로마의 후계자를 자처하는 여러 서유럽의 정치 세력들이 나타나기도 했다. 이후 수많은 도시, 민족, 국가가 만나고 헤어지기를 반복하고, 종교의 영향 아래 중세의 1,000년이 흐른다. 한편 동로마제국은 1453년 오스만제국에 의해 멸망한다. 중세 시대를 거치는 동안 서양 사회는 큰 변화가 나타나지 않았다. 중세 시대는 유럽사에서 고대와 근대 사이의 시기를 말하는데, 한국사와 비교하면 유럽의 중세 초기에 백제와 신라가 본격적인 고대국가로 형성되었다.

중세 시대의 형성과 특징

중세 시대는 유럽 역사에서 476년 서로마제국이 멸망하고 게르만 민족의 대이동이 있었던 5세기부터 1453년 동로마제국, 즉 비잔티움 제국이 멸망할 때까지, 그리고 14~16세기 르네상스와 1500~1800년의 근세와 근대가 시작하기 전 15세기까지의 약 1,000년의 시기이다.

중세 시대의 형성과 발전 과정의 특징을 살펴보면, 4~6세기에 게르만족(게르만 어파에 속한 언어를 쓰는 민족)의 유입 이후 이슬람 세력, 마자르족(몽골족에 속하는 헝가리의 주민) 등 이민족이 침입해 온다. 이로 인해 서로마제국이 멸망하면서 상업과 교통이 붕괴되고 서유럽의 고대사회가 지역 중심의 폐쇄적 자급자족 체제로 바뀐다.

이때 이민족으로부터 자기방어 능력을 갖춘 기사 등이 영주로 등장한다. 이들은 계약 관계를 바탕으로 '장원'이라는 자급자족경제 단위를 거느렸다. 영주의 토지와 노예, 소농 등이 한곳에 머물면서 농노 계층이 등장하게 된다.

사상적으로는 기독교 질서 아래 학문에도 변화가 생겼다. 기존에 교회의 권위와 신 중심의 세계관으로부터 인간을 해방시키고 그리스·로마 문화를 통해 인간의 존엄성 회복과 교양의 발전에 노력했던 고대 '인본주의'가 쇠퇴하고, 신이 중심이 되는 사상인 '신본주의'가 발달한다. 이는 이후에 스콜라 철학(8~17세기까지 중세 유럽에서 이루어진 신학 중심의 철학)으로 발전하게 된다. 교황은 동로마제국으로부터 독립해 게르만족에게 기독교를 알렸고, 결국 서유럽의 정신적인 지주 역할을 하기에 이른다. 이것에 힘입어 한때 교황은

● 현재는 박물관으로 사용 중인 독일 중세 시대 성.

서양 사회, 세계사의 시작과 건축

직접 서유럽의 황제를 임명해 신성로마제국이 출현하게 되었다. 이로 인해 서방 교회의 수장인 로마 교황과 동방 교회의 수장인 콘스탄티노플 교황의 대립이 본격화되었다. 그 결과, 동서 교회 대분열이 일어나 서유럽은 교황 중심의 가톨릭으로, 동유럽은 정교회(로마 교황을 승인하지 않는 상징·신비적 교파)로 분리된다. 1453년 십자군 전쟁으로 동로마제국은 멸망하지만, 고대 그리스·로마의 전통을 이어받고 동방 문화를 흡수한 동로마제국의 문화인 '비잔틴 문화'는 이탈리아로 건너가 르네상스를 꽃피우며 기나긴 중세 시대는 막을 내린다.

로마네스크 양식의 3가지 배경

중세 시대의 건축은 돔 공법이 특징인 동로마제국의 비잔틴 건축, 9세기 후반~12세기에 고딕 양식으로 발전한 로마네스크 건축, 12세기 중반~15세기에 걸쳐 전 유럽에 퍼진 고딕 건축 등으로 구성된다.

그중 로마네스크(Romanesque) 건축은 로마(Roman)+양식(Esque)이 합해진 말로, 로마제국 때와 유사한 느낌의 건축물이란 의미다. 이 양식은 지역적 특징에도 불구하고 유럽 전역에 널리 퍼지게 된다. 로마네스크 양식의 배경은 크게 3가지로 나눈다. 우선 사회적으로는 그리스도교와 봉건제도에 의해 교회의 권위와 세력이 크게 확

● 스페인 산티아고 데 콤포스텔라 대성당.

대되어 교회 중심의 건축이 활발해졌다. 종교적으로 교회는 교황, 주교, 하급 성직자, 평신교도로 상하 위계질서를 가지고 조직되어 이들을 모두 수용해야 했으며, 기독교 성지를 방문하는 순례가 유행했다. 역사적으로는 9세기경 노르만족의 침입으로 중세 암흑시대(고대 로마 몰락 후 학문과 예술의 부흥을 보게 되는 15세기경까지의 시대)가 본격적으로 시작된 때의 양식이다.

　로마네스크 건축은 로마제국 콘스탄티누스 1세 시대에 기독교가 공인된 이후 성당으로 널리 발전된 것이다. 당시에는 빈번하고 지속적인 전쟁이 있었기에 안전과 보호를 위해 성과 요새를 연상시킬 정도로 투박하고 무거운 돌을 주로 사용했다. 이로 인해 낮은 건축물의 높이, 작은 창, 두꺼운 벽, 둥글고 장식적인 아치, 튼튼한 기둥, 큰 탑 등이 특징이다. 로마네스크 건축은 규칙적이고 대칭적인

● 배럴 볼트.

● 교차 볼트.

● 리브 볼트.

평면과 명확한 형태로 인해 전체적인 외형은 단순하다. 이 양식은 12세기 이후 고딕 양식으로 발전하게 되는데 고딕 양식은 로마네스크 건축물보다 더 얇은 기둥과 큰 창을 가지며, 둥근 아치가 아니라 끝이 뾰족한 첨두 아치를 주로 사용하고, 더 크고 높은 규모의 건축물과 첨탑을 가지고 있다.

구조적 특성은 볼트를 이용해 바실리카(교황으로부터 특권을 받아 일반 성당보다 격이 높은 성당)를 유지한 것이다. 이는 건축 초기에 목조 천장이 화재로 소실될 것에 대한 보호 차원에서 바실리카에 원통형 볼트인 '배럴 볼트'를 덮기 시작했던 것이 전체로 확장되었다. 이후 배럴 볼트 2개가 직각으로 교차한 '교차 볼트', 가벼운 석판을 사용한 '리브 볼트'로 발전한다.

현존하는 주요 로마네스크 건축물로는 스페인 '산티아고 데 콤포스텔라 대성당', 프랑스 '3차 클뤼니 수도원 성당', 독일 '슈파이어 대성당', 이탈리아 '피사 대성당' 등이 있다.

독일 슈파이어 대성당

슈파이어 대성당은 독일 남서부 라인란트팔츠 주 슈파이어에 위치한다. 독일의 보름스 대성당, 마인츠 대성당과 함께 11~12세기 로마네스크 양식의 대표적 건축물이다. 로마네스크 양식의 종교 건축물로서는 최대 규모인 폭 30m, 길이 133m에 이르며, 높이가 72m나 되는 탑이 있다. 신성로마제국 시대 황제들의 무덤이 있는 곳이라 현지에서는 슈파이어 카이저 돔(슈파이어 제국 대성당)으로도 불린다.

슈파이어 대성당은 1030년 황제 콘라트 2세의 명령으로 공사가 시작돼, 1060년 하인리히 4세에 의해 완성된 바실리카식 성당이다. 이는 독일 니더작센 주의 힐데스하임에 있는 '성 미카엘 성당'의 설

● 슈파이어 대성당.

계를 적용해, 라인란트팔츠 주에서 일반적으로 사용되는 배치로 완성되었다. 주요 부분의 틀을 세우는 탑들의 대칭적이고 단독적인 배치가 특징으로, 전체를 긴 집들이 둘러싸고 있는 최초의 건축물이기도 하다. 1689년 화재로 심각하게 파괴되었다가 18세기에 로마네스크 양식으로 재건하는 한편, 바로크 양식으로 성당 서쪽을 향한 입구를 만들기도 했다. 이후 19세기에 신로마네스크 양식이 추가되면서 현재에 이르렀다. 슈파이어 대성당 정문 앞 광장에는 거대한 석재 세례대(기독교의 예식 도구)가 있는데, 이것은 한때 교구와 도시 사이의 경계선을 상징하기도 했다. 슈파이어 대성당은 신성로마제국 시기 로마네스크 양식의 가장 중요한 기념비적 건축물이자, 당시 독일제국의 위용을 잘 표현하고 있다고 평가된다.

● 슈파이어 대성당의 중앙.   ● 성자의 유해를 안치하는   ● 세례대.
　　　　　　　　　　　　　　곳인 '크립트'.

이탈리아 피사 대성당

　'피사의 사탑'으로도 유명한 이탈리아 '피사 대성당'은 유럽 중세 시기, 이탈리아의 상업 도시 피사에 지어진 이탈리아 로마네스크 건축을 대표하는 건축물이다. 종탑인 피사의 사탑, 세례당, 묘지 등으로 이루어져 있다. 팔레르모 해전에서의 승리를 기념해 1064년 그리스인 부스케투스가 설계했고, 1118년에 완공되었으며, 12세기 말 건축가 라이날두스가 서측 부분을 연장해 돔을 설치하고 13세기에 전면부가 완성되었다.

　피사 대성당의 내부는 창문이 작고 공간은 넓어서 다소 어두컴컴하면서도 소리가 크게 울리도록 돼 있다. 68개의 원형 기둥과 5개의 회랑으로 나누어져 있으며, 비잔틴 양식과 이슬람의 영향 등 여러 스타일이 조합돼 있다. 기울어져 비스듬하게 서 있는 것으로 널리 알려진 피사의 사탑은 피사 대성당 뒤쪽에 있는 높이 55m의 종탑이다.

● 피사 대성당과 사탑.

음예공간

    로마네스크 건축의 주인공은 빛이 아니라 어둠이다. 성당 내부는 어둡고 그림자로 가득한 공간이다. 이러한 독특한 분위기는 일본의 소설가 다니자키 준이치로가 1933년 발표한 수필 《음예공간예찬》(발언, 1997)에서 말한 '음예공간(陰翳空間)'이라는 개념을 살펴보면 이해가 쉽다. 음예공간이란, 그늘인 듯한데 그늘도 아니고 그림자인 듯한데 그림자도 아닌 거무스름한 모습을 의미한다. 인간이 공간과 사물을 대할 때 환경과 감각의 공존을 통해 일어난 결과물이라고 할 수 있다. 이러한 음예공간은 빛과 관련돼 영화, 건축, 음악 등 다양한 분야에서 아름답게 그려진다. 지극히 동양적이라고 할 만한 공간적 특징인데, 로마네스크 건축의 성당에 들어가 보면 이와 비슷한 분위기를 느낄 수 있다. 어둡고 침침한 공간보다는 밝고 커다란 공간을 추구함에 따라 로마네스크의 벽돌로 둘러싸인 성당은 고딕의 화려한 빛으로 충만한 성당으로 변화했지만, 그 안에 가만히 앉아 있으면 어둠에 익숙해지면서 공간을 마치 물처럼 느끼며 잠기는 기분이 든다. 어쩌면 이 공간은 인간이 자신의 내면과 만나는 기회를 위한 것일지도 모른다.

서양 사회, 세계사의 시작과 건축

중세 시대 후기:
고딕 건축

유럽 하면 도시의 중심에 있는 높고 커다란 성당이 흔히 떠오른다. 유명한 이곳의 성당 중 많은 것들이 고딕 양식이다. 유럽은 도시국가 시기부터 도시의 중심에 광장과 성당이 있었다. 생활의 중심이기에 지금도 여전히 특별한 관광지가 아닌 이상 도심의 성당은 별도의 비용 없이 누구나 들어갈 수 있다. 내부로 들어가면 외부에서는 상상도 못 할 규모의 공간에 빛이 하늘에서 내려온다. 그것도 태양 빛이 아니라 스테인드글라스(장식용 판유리) 아래 형형색색의 찬란한 색을 입은 빛이다. 이 빛을 받으면 이곳이 현실 세계가 아닌 천국으로 가는 공간이라는 착각마저 든다.

지금으로부터 1,000년 전인 후기 중세 시대를 대표하는 고딕 양식의 배경은 지리적·종교적·사회적 상황으로 나눌 수 있다. 지리적으로 프랑스 파리 부근에서 시작되었고, 이후 영국, 독일, 베네룩스 3국(벨기에, 네덜란드, 룩셈부르크를 아울러 이르는 말), 스페인, 이탈리아로 전파되었다. 종교적으로는 학식이 풍부했던 성직자 계급이 종교뿐만 아니라 세속적 일에도 뛰어나서 교회 쪽으로 부와 힘을 끌어올 수 있었다. 성 프란시스, 성 도미니크, 성 아퀴나스 같은 수도회가 성당을 통해 신앙심을 강화하고, 이교도를 근절하는 등의 수단으로 사용했다. 또한 프랑스의 왕 루이 6세와 파리 생 드니 수도원장 쉬제가 서로 친밀하게 교류해 정치와 종교의 만남이 이루어졌다. 사회적으로는 절대 권력을 가진 사람이 하위에 있는 이들을 다스리는 방식의 '봉건주의'에서, 정치 제도를 토대로 중앙 조직이 통치하는 '중앙집권주의' 정부가 세워졌다.

사제에서 신도를 위한 공간으로

고딕 건축 양식은 중세 시대 말 유럽에서 번성한 것으로, 로마네스크 건축 이후와 르네상스 건축 이전에 있었다. 12세기에 프랑스에서 시작된 것으로 알려졌으며, 14세기 이후 장식이 과잉되는 경향이 일어나며 복잡한 아름다움을 보인다.

고딕 건축은 형태적으로 사제를 위한 것에서 신도를 위한 공간으로 변화하면서 트란셉트(교회를 평면으로 봤을 때 좌우로 돌출된 부분)의 형태가 줄어들거나 생략된 것이 특징이다. 그 결과, 평면은 길이가 긴 '라틴 십자가' 형태의 직사각형으로 변화한다. 정면에서는 모

● 첨두 아치.

● 플라잉 버트레스.

든 요소가 서측 입구에 집중되었고, 양측에 종탑, 격자로 장식된 둥근 창인 '장미창', 장식을 위해 벽면을 오목하게 파서 만든 공간인 '벽감'이 있다.

구조적 특징은 갈빗대 모양의 뼈대를 사용한 '리브 볼트', 끝이 뾰족하게 올라간 곡선형 구조물인 '첨두 아치', 플라잉 버트레스(건물 외벽을 지탱하는 석조 구조물), 첨탑 등을 들 수 있다. 실내 공간에는 스테인드글라스를 사용해 자연 채광을 여러 색으로 표현했다.

고딕 양식의 대표적 건축물로는 프랑스 노트르담 대성당, 샤르트르 대성당, 랭스 성당, 생 드니 수도원 성당, 리옹 성당, 영국 솔즈베리 성당, 이탈리아 밀라노 대성당, 독일 쾰른 대성당이 있다.

신을 찬양하는 거대한 공간

고딕 양식의 특징은 성당의 거대한 내부가 빛으로 가득하다는 점
이다. 다양한 구조적 요소와 빛, 색이 내부 공간을 극적으로 보이게
한다. 이러한 분위기가 가능한 것은 천장의 구조 덕분이다. 고딕 성
당에 들어가면 사람들의 시선이 자연스럽게 위로 향하게 되는데,
피어(견고한 석조 기둥)가 여러 개의 수직선으로 분할돼 두드러지고
위쪽으로 점점 옮겨 가면서 선들이 정점을 향해 모이기 때문이다.
무게를 많이 받는 천장의 뼈대인 리브는 무겁고 단단한 석재를 이
용하고 나머지 부분을 가벼운 석재로 채워 돔 전체의 하중을 줄였
다. 이때 리브에 의해 분할되는 면의 개수에 따라 4분 볼트, 6분 볼

● 4분 볼트.

● 6분 볼트.

트 등으로 발전하는데, 후기로 갈수록 점점 복잡해지면서 장식도 화려해진다. 이 외에도 고딕 양식은 첨두 아치를 적극적으로 활용했다.

화려한 장식의 장미창

'장미꽃 무늬 창' 또는 '캐서린 창'으로 불리는 장미창은 원형 창을 두루 일컫는 말로 자주 사용되며, 프랑스 북부의 주요 고딕 양식의 성당들에서 자주 보인다. 장미창이라고 부르는 이유는 장미가 지혜의 꽃이며 거룩한 성모의 상징이기 때문이다. 장미창의 화려한 장식은 창틀 위쪽을 장식한 것에서 기원해 성부, 성자, 성령 3위 일체를 상징하던 클로버 모양에서 진화해 여러 가지가 되었다.

교회의 장미창은 밝고 크며 어느 한 군데 모난 곳 없이 둥근 모양으로, 앞서 살펴본 판테온 돔 정상의 원형 창 '오쿨루스'가 고딕 시대에 이르러 커지고 변화하면서 '천상의 문' 또는 '태양 문'이라는 이름이 붙은 것이다. 실제로 대부분 고딕 교회의 장미창 틀은 바깥쪽에 황금을 입히거나 황금색을 칠했다. 장미창으로 들어오는 빛은 신성의 둥근 후광을 뜻하기도 한다. 이는 중세 시대 전체에 걸쳐 다양한 형태를 띠다가 고딕 양식의 하나가 되었고, 이후 19세기부터 고딕 복고 양식으로 전 세계 기독교 교회에서 모습을 드러냈다.

● 노트르담 대성당 장미창.

● 스트라스부르 대성당 장미창.

파리 노트르담 대성당

노트르담 대성당은 프랑스 시테 섬에 있는 후기 고딕 양식의 건축물이다. 노트르담은 '우리의 귀부인'이라는 뜻의 프랑스어로 성모 마리아를 의미한다. 이곳은 지금도 로마가톨릭교회의 파리 대주교좌 성당으로 사용되고 있다.

노트르담 대성당은 최초의 고딕 성당 가운데 하나이며, 고딕의 전체 시대에 걸쳐 건설되었다. 정확히 말하면 고딕 양식의 전성기로 가기 전, 초기 고딕의 마지막 걸작쯤 되는 건축물이다. 이는 전성기 고딕의 시작인 '샤르트르 대성당', 전성기 고딕의 완성작이라고 불리는 '랭스 대성당' '아미엥 대성당' 등과 비교하면 본당의 높이나 폭, 스테인드글라스의 비율, 기둥의 장식, 플라잉 버트레스의 구조 등이 통일되지 않은 과도기적인 모습이 보이기 때문에 건축적으로 고딕 양식의 최고 작품이라고 하기는 어렵다. 그러나 지방이 아닌 파리 중심에 있고, 여러 대중문화 작품의 배경이자 역사적인 사건

서양 사회, 세계사의 시작과 건축

● 노트르담 대성당.

들이 일어난 장소라는 점 등으로 인해 인지도와 대중적 명성이 높다. 노트르담 대성당의 조각과 스테인드글라스는 자연주의의 영향을 많이 받았으며, 이는 초기 로마네스크 건축에서 부족했던 건축적 특성을 보완해 준다. 세계에서 최초로 플라잉 버트레스가 확실하게 사용된 건물로 평가받는다.

1790년경 프랑스 혁명의 급진적인 시기, 노트르담 대성당은 반기독교 사상가들에 의해 많은 부분이 파괴되었다. 프랑스의 유명 건축가인 비올레 르 뒤크의 복구를 시작으로, 19세기 수차례에 걸친 복원 작업을 거쳐 이전의 모습을 되찾았으나, 2019년 4월 보수 공사 중이던 첨탑 주변에서 화재가 발생해 또 한 번의 손상을 겪었다.

프랑스 샤르트르 대성당

샤르트르 대성당은 프랑스 샤르트르에 있는 고딕 양식의 대표적 건축물이다. 1145년 로마네스크 양식으로 지어졌다가, 1194년 화재로 상당 부분이 소실되어 12세기 말~13세기 초 사이에 재건되었다. 정통 첨두 아치 양식으로 지은 넓은 본당과 12세기 중반의 섬세한 조각품으로 장식된 정문, 12~13세기의 화려한 스테인드글라스 창 등이 잘 보존돼 있다. 이 성당을 유명하게 한 것은 각 정면을 장식하는 거대한 장미창을 비롯한 176개의 스테인드글라스이다.

서양 사회, 세계사의 시작과 건축

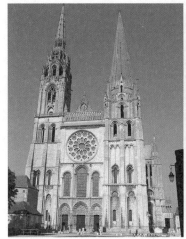

● 샤르트르 대성당.
● 샤르트르 대성당의 스테인드 글라스.

총 2,000m²가 넘는 대형 스테인드글라스 창을 통해 선명한 밝은 빛
이 쏟아져 들어와 석재의 흰 빛과 명확한 대조를 이룬다. 장미창 중
3개의 큰 창 등 일부 12세기 작품을 제외하고는 모두 13세기의 것
으로, 아름다운 스테인드글라스로 손꼽힌다. 서쪽 정면의 장미창
은 '최후의 심판'을, 남쪽은 '영광의 그리스도'를 주제로 하는데, 독
보적인 예술성으로 "프랑스의 장미창"이라고 불릴 정도로 인기가
높다.

● 쾰른 대성당과 중앙역 주변.

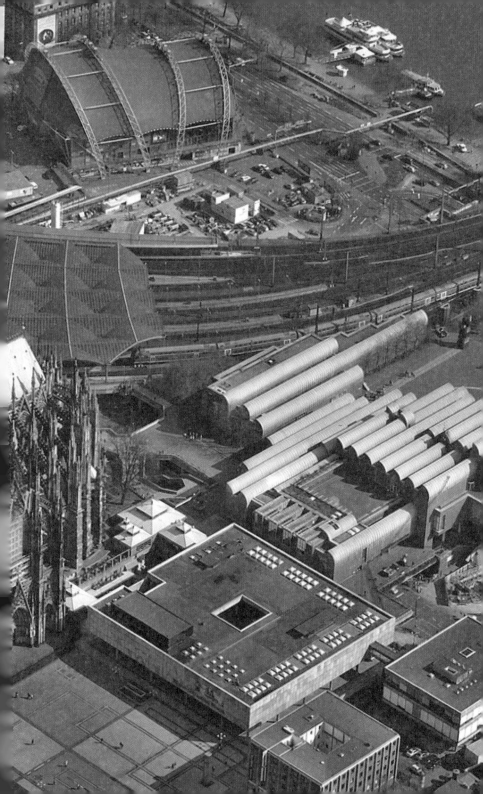

독일 쾰른 대성당

쾰른 대성당은 독일 쾰른에 있는 로마가톨릭교회 성당으로 고딕 양식을 지닌다. 쾰른 대교구의 주교좌 성당이라 '쾰른 주교좌 성당' 이라고도 불린다. 높이 157.38m로, 울름 대성당에 이어 유럽에서 두 번째, 세계에서는 세 번째로 높은 로마네스크·고딕 양식이다. 신성로마제국 시절, 이탈리아 원정을 통해 가져온 동방 박사 3인의 유골함을 안치하기 위한 용도로 1248년부터 짓기 시작했다. 시작 은 고딕 양식으로 설계되었지만, 오랜 건축 기간을 거쳐 1880년에 이르러서는 네오 고딕 양식으로 완공되었다. 대성당은 거대한 두 개의 탑으로 인해 웅장해 보이는 외양으로, 이 탑은 1814년 설계가 변경되어 19세기 산업혁명으로 발명된 증기기관의 도움으로 네오 고딕 양식으로 지어졌다.

쾰른 대성당은 라인 강변 언덕 위에 위치하며, 주변에는 쾰른 중 앙역과 호엔촐레른 철교, 루트비히 박물관, 로마 게르만 박물관 등 이 있다.

서양 사회, 세계사의 시작과 건축

이슬람의 탄생 :
무어 건축

유럽 대륙을 중심으로 한 기독교와 달리 이슬람교는 강한 종교적 열망을 가지고 서아시아뿐만 아니라 유럽, 아프리카, 중앙아시아, 인도, 동남아시아를 정복해 거대한 종교, 문화, 경제가 통합된 세계를 만들었다. 이들은 동양과 서양의 문화를 합친 고도의 문명을 창조했고, 민족 간 차별을 줄였으며, 종교와 상업이 조화된 도시를 세웠다. 이슬람은 로마제국 시기부터 서로마의 기독교와 깊은 관계를 맺어 왔다. 그 결과 이슬람 문화와 건축은 유럽과 영향을 주고받으며 정체성을 이루었다.

이슬람 건축은 로마제국 동로마의 수도인 콘스탄티노폴리스의 정교회 성당인 '하기야 소피아'에서부터 이슬람과 스페인의 결합인 '무어 양식의 건축', 그리고 이슬람 모스크인 '블루 모스크'까지 1,000년이 넘는 동안 다양한 양식으로 나타났다.

아랍 사회의 변화와 이슬람의 특징

셈족(함족, 아리안족과 함께 유럽의 3대 인종 중 하나)인 아랍인은 주로 유목과 사막의 상인을 대상으로 한 무역을 하며 살았다. 그러다 6세기, 비잔틴 제국과 페르시아의 대립으로 육로인 '실크로드'가 막히자 해상 무역으로 번성하게 되었다. 그 결과 메카와 메디나 같은 도시가 발달했고, 상업 귀족의 지배로 인해 사회의 혼란이 커지면서 새로운 종교의 출현을 원하는 이들이 생겼다. 이슬람교의 창시자인 '마호메트'가 기독교와 유대교의 영향으로 유일신 '알라'를 믿는 이슬람교를 창시한 것이 7세기 초이다. 이후 632년, 아라비아반도를 통일한 종교 국가가 탄생했다. 이슬람교는 우상숭배와 다신교를 부정하며 정치와 종교를 결합시켰다.

이슬람 제국은 632~661년, 정통 '칼리프'가 정치·종교·군사권을 장악하고 페르시아와 이집트를 정복하면서 발전했다. 칼리프란, '칼리파'라고도 부르는데 '상속자, 뒤따르는 자'라는 뜻의 아랍어로 정치와 종교의 권력을 아울러 갖는 이슬람 교단의 지배자를 뜻한다. 이후 우마이야 왕조는 중앙아시아의 탈라스 전투에서 승리하고, 이베리아반도까지 정복했다. 아바스 왕조는 피정복민에 대한 우마이야 왕조의 차별 정책에 반발해 바그다드를 도읍으로 정한다. 셀주크 튀르크 왕조는 이러한 분쟁을 틈타 이란을 하나로 합치고, 바그다드를 점령한 후 '술탄'의 칭호를 획득해 이슬람 세계의 지배자로 떠올랐다. 이후 파미르 고원-지중해-소아시아의 대제국을 건설한다. 그러다 11~13세기, 서유럽의 그리스도교도가 팔레스티나와 예루살렘을 탈환하기 위해 감행한 무려 200년에 걸친 전쟁인 '십자군 전쟁'을 겪었으며, 이후 몽골에 점령당해 멸망했다.

이슬람 사회는 종교를 중심으로 아랍 민족의 우월성을 강조한다. 동서 세계의 중계무역을 통해 각 무역지에 이슬람 문화를 전하고자 했다. 또한 헬레니즘, 인도, 페르시아 등의 주변 문화를 받아들이며, 이슬람교와 아랍어를 바탕으로 한 종교 문화를 통해 동서의 교류에 이바지했다. 고대 그리스와 로마 문명을 유럽에 전달해 근대 유럽 문화에 영향을 주고 근대 자연과학과 르네상스의 기초를 제공하기도 했다. 특히 이슬람 문화의 자연과학은 크게 발달해 화학, 천문학, 수학을 정립했다. 건축에서는 아라베스크 무늬(아랍에서 시작된 장식 무늬)와 이슬람교 예배당인 '모스크'가 발전했으며, 이는 스페인 그라나다에 위치한 짙은 이슬람 색채의 '알람브라 궁전'의 건축

● 아라베스크 무늬.

● 메카의 모스크.

● 하기아 소피아.

● 하기아 소피아의 내부 돔.

에도 영향을 주었다.

이스탄불 하기아 소피아

'거룩한 지혜'라는 뜻의 '하기아 소피아'의 정식 명칭은 '하기아 소피아 그랜드 모스크'이다. 튀르키예 이스탄불에 있는 동방정교회 대성당으로 세워졌으나, 현재는 이슬람 모스크로 사용 중이다. 이렇게 되기까지 여러 번의 변화가 있었다. 537~1453년까지는 그리스정교회 성당이자 콘스탄티노폴리스 세계 총대주교의 최고 기관이었다. 이후 콘스탄티노폴리스가 라틴 제국에 의해서 점령된 1204~1261년까지는 로마가톨릭교회의 성당으로 개조되었다가 이후 다시 정교회 성당으로 복귀했다. 오스만제국이 콘스탄티노폴리스를 점령한 1453~1931년까지는 모스크로 사용되었고, 1935년에 박물관으로 개장했다. 2020년 7월, 박물관에서 모스크로 바뀌었고 현재는 하기아 소피아 그랜드 모스크로 사용되고 있다.

현재까지 남아 있는 비잔티움 건축의 대표작 중 하나로 꼽힌다. 로마제국의 건물이라 기독교의 문화유산으로만 생각할 수도 있으나, 500년 가까이 이슬람교 예배당으로 사용되었기에 그 의미가 더욱 깊다. 성당 본당 옆에 사방으로 서 있는 가늘고 높은 4개의 첨탑인 '미나레트'가 이슬람 건축의 특성을 상징적으로 보여 준다.

하기야 소피아 대성당은 고대 후기와 동로마제국의 건축 양식이 합쳐져 만들어진 걸작이다. 당대에도 워낙 유명했기 때문에 수많은 동방 정교회, 로마가톨릭, 이슬람 사원들이 이 건물의 영향을 받았다. 이곳은 그 크기만큼이나 복잡한 구조로 돼 있다. 성당의 중심 공간은 거대한 돔으로 덮여 있는데, 바닥에서 무려 55.6m나 되는 높이에 있으며 40개의 아치형 창문이 이를 받치고 있다. 성당이 지어질 당시 이 돔은 완벽한 원형으로 설계되었으나, 나중에 보수 공사를 거치며 약간 타원형으로 바뀌었다.

대성당의 평면은 좌우·상하의 길이가 같은 십자가 모양인 '그릭 크로스'로 이루어져 있으며, 정사각형 공간 위에 원형 돔이 위치한 '펜던티브 돔'으로 요약할 수 있다. 이 두 가지를 건물에 혼합·응용함으로써 이전에 서방의 초기 기독교 건축에서 보지 못했던 다양하고 새로운 교회 공간과 건축 공법이 만들어졌다.

그릭 크로스는 초기 기독교 건축에서 파생한 아래쪽이 긴 십자가 모양의 '라틴 크로스'와 짝을 이룬다. 라틴 크로스는 예배 중 여러 의식에 맞게 적절히 사용되는 공간을 제공하고, 그릭 크로스는 중앙의 교차 부분이 중심 역할을 하는 것이 특징이다. 중앙 집중형 공간이다. 상징적인 측면에서 보자면 라틴 크로스는 서방 가톨릭을, 그릭 크로스는 동방정교(동로마제국의 국교로서 콘스탄티노폴리스를 중심으로 발전한 교파)를 대표한다. 그러나 르네상스와 종교개혁 이후에 그릭 크로스는 로마가톨릭교회에서 떨어져 나와 성립된 종교 단체인 '신교'를 대표하는 것으로 바뀐다.

펜던티브 돔은 로마를 비롯한 서양 건축에는 없던 비잔틴 건축만의 기술인데 가장 중요한 것은 정사각형 위에 원형 천장을 얹는다는 점이다. 정사각형의 평면과 돔 형태의 지붕을 접목시키는 것은 상당히 높은 난이도로, 이를 해결한 것이 펜던티브 돔이다. 또한 하기야 소피아 성당에는 외부 지탱 장치인 버트레스가 오랜 기간에 걸쳐 만들어졌다. 오스만제국 시기에 건물의 붕괴나 균열 등을 막기 위해 추가로 세워졌으며, 현재는 총 24개의 버트레스가 건물의 벽을 받치고 있다.

블루 모스크와 미나레트

'술탄 아흐메트 모스크'는 튀르키예 이스탄불에 있는 대표적인 모스크로 블루 모스크라고도 한다. 오스만제국 시절, 술탄 아흐메트 1세의 명령에 따라 1609년부터 착공에 들어가 1616년 완성되었다. 하기아 소피아 건너편 거리에 있으며, 가운데 커다란 돔에 수많은 작은 돔들이 얹힌 안정된 형태다. 수많은 기둥이 받치는 각각의 아치 위에 작은 돔이 둥글게 솟아 있고, 4개의 단을 이루며 점점 작아지다가 마지막 거대한 중앙 돔에 이른다. 지름 23.5m의 거대한 중앙 돔은 작은 4개의 돔이 받치고 있다. 돔 주변에는 창을 내 빛이 내부로 비치게 했다. 돔 위에는 이슬람을 상징하는 황금색 별과 초승달 장식이 달렸다.

모스크의 안뜰 가운데는 분수대가 있고 사원 옆에는 신자들이 기도 전에 손발을 닦는 수도 시설인 세정소가 있다. 술탄 아흐메트 모스크는 복합 시설을 갖춘 모스크이다. 오스만제국 때의 모스크는 신학교, 목욕탕, 시장, 병원 등 사회 시설을 갖춘 '퀼리예'였기 때문이다.

이 건물은 6개의 미나레트를 갖고 있는 세계 유일의 모스크로 오스만제국의 술탄이 매주 금요일 이곳에서 예배를 보기도 했다. 내부는 정교하고 아름답기로 유명한 오스만제국의 도자기 마을에서

● 술탄 아흐메트 모스크 외부.

● 술탄 아흐메트 모스크 내부.

이슬람의 탄생

생산된 파란색 '이즈닉 타일'과 푸른빛의 유리창으로 장식돼 있다. 모스크 안 벽면을 온통 뒤덮은 이러한 파란색 때문에 '블루 모스크'라는 애칭으로 널리 알려졌고, 세계에서 가장 아름다운 모스크라는 평가를 받는다.

이슬람 건축을 상징하는 미나레트는 모스크에 달린 건물로, 예배 시간 공지를 할 때 사용되는 탑이다. 미나레트는 '빛을 두는 곳, 등대'라는 뜻의 아랍어 '미나레'에서 유래했다. 지역에 따라 형태가 다르게 나타나는데, 북아프리카의 경우 부피가 큰 사각기둥 형태이며, 지중해 지역은 가늘고 긴 원통이나 뿔 모양이다. '이라크 사마라 대사원'의 경우 나선형의 거대한 규모의 미나레트가 있다. 미나레트는 건물을 짓도록 명령한 사람이나 건축가의 의견에 따라 1~6개 정도로 세운다. 가장 많은 미나레트가 있는 사우디아라비아의 '마스지드 알하람'은 성지인 메카를 보호하는 모스크이기 때문에 미나레트가 7개이다. 미나레트가 1개인 모스크는 주민들이 돈을 모아 건립한 것, 2개는 촌장이 돈을 내 만든 것이고, 3개는 왕족이나 지도자의 가족이 만든 것이며, 4개는 왕이나 지도자가 만든 모스크이다.

무어인이 발전시킨 무어 건축

고대 이슬람 사회는 8세기 초 스페인에서 칼리프를 형성하고, 이후 13세기에는 그라나다의 작은 토후국(중앙집권적 국가 행정에서 독립해 부족장이 통치하던 나라)으로 축소되어 1492년에 사라졌다. 서구 기독교와의 지속적인 충돌, 이베리아반도의 물리적 특성, 토양의 비옥함, 기후 조건으로 인해 스페인 무어인(이베리아반도를 정복한 이슬람교도)들은 다른 국가의 이슬람교도와는 현저하게 다른 삶을 살았다. 호전적 성격이 온화하게 바뀐 것이다.

● 히랄다의 탑.

스페인 무어인은 튀니지, 알제리, 모로코에 거주하고 있는 아프리카 북부 해안의 부족들과 긴밀히 접촉했다. 이는 스페인과 이슬람 예술의 마지막 시기인 12세기에 이르기까지 지속된다. 그들의 문화는 스페인 남부 지방의 예술 발전에 이바지했고, 이 관계는 건축물의 유사한 형태, 같은 아치와

● 그레이트 모스크.

● 헤네랄리페 별궁.

기둥, 장식물 등으로 표현됐다. 기독교와 이슬람 양식이 합쳐진 것은 '무데하르 양식' 또는 '무어 건축'이라 부르는데 711~1492년 사이 건설된 북아프리카와 스페인 남부, 포르투갈 지역의 이슬람 건

축물이 여기에 속한다. 무어 건축은 3가지 시기로 구분되는데, 첫 번째는 스페인 남부 코르도바에 지어진 '그레이트 모스크'이다. 두 번째 또는 과도기의 예는 세비야에 위치한 성과 궁전인 '알카사르와 히랄다의 탑'이며, '알람브라 궁전'과 '헤네랄리페 별궁'은 무어 양식의 마지막 기간의 작품이다.

그라나다의 알람브라 궁전

앞서 언급한 '알람브라 궁전'으로 돌아가 보자. 알람브라는 '붉은 것'이라는 뜻의 스페인어로 1238~1358년 사이에 지어진 궁전과 성곽의 복합단지를 말한다. 붉은 철이 함유된 흙으로 지어져 빨

스페인 그라나다의 알람브라 궁전.

● 알람브라 궁전의 내부.　　　　　● 무카르나스.

갖게 보이기에 붙여진 이름이다. 스페인 남부인 그라나다도 지역에 머물던 아랍 군주의 저택으로도 사용됐다. 무어인과 스페인 민족의 미술이 결합된 형태였으나, 수 세기에 걸친 스페인의 지배하에서 이슬람의 영향은 상당 부분 손상되었다. 1812년, 프랑스의 세바스티앙 백작이 건물에 딸린 몇 개의 탑들을 철거해 버리기도 했다.

알람브라 궁전은 무어 예술의 극치를 가장 잘 표현하는 곳이다. 매우 개방적인 형태로, 작은 건물들도 중앙을 향해 드러나게 지어져 있다. 평원이 한눈에 내려다보이는 해발 740m 언덕에 있는데 굴곡을 없애고 바닥을 평평하게 한 후 지었다. 내부는 웅장함을 돋보이게 하기 위해 각 구조물에 높이 차를 두었다. 대리석 기둥과 아치형의 건물, 투명하게 드러나는 천장, 이슬람 건축 장식 기법인 '무카르나스' 등을 이용해 햇빛과 바람이 자유롭게 통하는 밝고 우아한 공간이다.

알람브라 궁전에는 '건축가의 정원'이라는 뜻의 '헤네랄리페'도 유명하다. 이슬람 통치자들의 여름 궁전이었던 곳으로 건물을 제외한 모든 곳에 채워진 페르시아 양식의 정원과 분수가 인상적이다.

르네상스 시대 :
인강성의 회복

서양 사회는 15세기 말~16세기 말 사이에 1,000년의 중세 시대를 마감하고 새 시대가 시작된다. 이 변화를 대표하는 것이 '르네상스(Renaissance)'인데 다시(Re) 태어남(Naissance)이라는 단어의 조합으로 '부활'을 의미한다. 그만큼 커다란 문화적 변화의 시대가 다가온 것이다. 기존에 없었던 전혀 새로운 시대라기보다 고대 그리스 로마 시대의 찬란한 문화를 부활시키고자 한 움직임이다. 왜 이러한 시도가 있었는지에는 복잡한 세계사적 배경이 숨어 있다. 당시는 종교적으로 십자군 원정의 실패, 종교개혁 등이 있었다. 인문·사회적으로는 기독교와 봉건제도가 쇠퇴하고 인간 중심의 문화가 나타났다. 개인의 존엄성 회복 운동인 '인본주의'와 화약, 나침반, 연금술, 인쇄술이 발달했으며, 원근법·지동설·신대륙의 발견도 이루어졌다.

15~16세기는 사회뿐만 아니라 인간의 정신과 지적 활동에도 커다란 변화가 있었다. 르네상스는 개인이 개성, 합리성, 현실 세계의

이탈리아 피렌체.

욕구를 추구하는 문화 혁신 운동으로 문학, 미술, 자연과학 등 여러 방면에 걸쳐 유럽 문화의 근대화에 기초가 되었다. 이 시기 이탈리아는 동방무역의 중심지였는데 외부의 영향으로 14세기 중반에 르네상스 운동이 시작되어서, 16세기 중반에 이르러 전성기를 맞이했다. 한편 영국과 프랑스에서는 왕권이 확대되었으며, 독일과 이탈리아는 분열 상태가 계속되었고, 남부의 나폴리 왕국·중부의 로마 교황령·북부의 베네치아 공화국·제노바 공화국·피렌체 공화국 등은 동방무역으로 이익을 거둬 주변 농촌까지 지배하며 도시국가로 번영했다.

이탈리아는 이슬람 문화와 고대 학문과 예술 등이 유입돼 고대 로마의 옛 영토로서 유적과 유물에 접할 기회가 풍부했다. 그로 인해 르네상스가 전개되었다. 이 시대에 건축은 이탈리아 피렌체 지방에서부터 발달해 중심이 된다. 이탈리아 르네상스는 알프스를 넘어 북방 서구 여러 나라에 파급되고, 나라별로 독자적인 형태로 발전해 16세기에 전성기를 맞이한다.

독일에서는 인문주의자와 신학자가 중심이 되어 중세 로마 교회의 미신적 교리와 교권에 저항하고, 초대 교회의 정신으로 복귀하기 위한 개혁 운동을 전개했다. 이후 주변 국가인 프랑스와 동유럽 쪽까지 확대되었다.

르네상스 회화와 스푸마토 기법

16세기 피렌체를 비롯한 이탈리아 도시들은 화가에게 새롭고 특별한 환경을 제공했다. 르네상스라는 시대적 배경 아래 뛰어난 지리·물리적 현상에 관한 과학적 발견이 화가들의 시야를 넓혀 주었다. 화가는 원근법을 연구하기 위해 수학에 관심을 기울이고, 인체를 탐구하기 위해 해부학을 공부했다. 과학과 예술의 융합은 기존의 미술이 가진 단순한 복사와 작업이 아니라 지적인 이해가 되어 화가라는 직업의 위상을 한층 높여 주었다. 이처럼 르네상스 시대는 과학과 예술의 번성으로 레오나르도 다빈치, 미켈란젤로 부오나로티와 같은 천재가 탄생할 수 있었다.

르네상스 시대의 대표적인 회화 기법은 '스푸마토'이다. 이탈리아어로 '연기와 같은'이라는 뜻으로 색과 색 사이 경계를 명확하게 하지 않고 부드럽게 처리하는 기술로 옅은 안개가 덮인 듯한 효과를 준다. 또 '공기원근법'이라는 기법도 사용했는데, 공기 또는 빛의 작용에 기초해 색채로 거리감과 공간감을 나타내는 방법이다. 레오나르도 다빈치가 처음 이 두 기법을 사용한 것이 유명한 초상화 〈모나리자〉이다.

● 레오나르도 다빈치의 〈모나리자〉.

건축에도 인간을 중심에 두다

르네상스 시대의 예술가들은 지나친 기독교 중심의 감성적이고 낭만적인 중세 시대의 방식에서 벗어나 고전주의 예술에 관심을 가졌다. 이들은 합리적이고 과학적인 사고방식을 대표하는 수학적 비례 체계가 우주의 질서를 표현한다고 보았다. 또한 인간을 세계의 중심으로 설정했기 때문에 이 시대의 예술도 중세와 달리 신이 아닌 인간을 주제로 한다.

당시의 건축은 상공업 위주의 시민사회였던 이탈리아를 중심으로 유럽까지 전개된 고전주의적 경향의 양식이다. 과거의 고전주의 건축을 연구하고 분석해 그 원리를 이론화하고 체계화했다. 고전 건축의 구성 원리는 '비례, 질서, 조화'로 인식해 이를 건축에 도

● 산타 마리아 노벨라 파사드.

입했다. 그 결과 주관적, 임의적, 감상적이 아닌 규범과 법칙에 의한 객관적, 합리적, 수학적 비례 체계를 이용해 건축의 평면과 입면을 만들었다. 중세의 건축이 교회에 집중되었던 것과 달리 르네상스 건축은 공공건물, 궁전, 주택 등 도시를 구성하는 다양한 분야에 걸쳐 설계되었다. 이 시대의 건축을 상징하는 건축 형태인 '돔'은 시공의 편의, 가벼움, 아름다운 외관을 위해 이중 구조로 만들어졌다. 석재, 벽돌, 콘크리트 등을 재료로 썼으며, 조적·가구식 구조를 사용했다.

초기, 전성기, 후기 르네상스

초기 르네상스는 당시 이탈리아의 상공업 도시인 피렌체를 중심으로 브루넬레스키, 멜로초 다 포를리 등의 건축가가 주도했다.

전성기 르네상스는 종교·예술적 중심지였던 로마 위주로 전개되며 고전주의적 성격이 명확하게 드러난다. 레온 바티스타 알베르티, 도나토 브라만테, 줄리아노 다 상갈로 등이 대표 건축가이다.

후기 르네상스는 미켈란젤로의 건축에서 유래된 매너리즘 경향이 큰 흐름이다. 매너리즘이란, 르네상스 미술의 방식이나 형식을 계승하되 자신만의 독특한 양식(매너 혹은 스타일)에 따라 예술작품을 만드는 것을 뜻한다. 즉, 과거 양식을 모방하지만 다양하고 의도적인 조작을 통해 개성적이고 독창적인 건축을 추구했다.

● 원형 사당인 템피에토.　　　　● 라 로톤다.

　르네상스 대표 건축가와 건축물로는 브루넬레스키의 '인노첸티 고아원' '피렌체 대성당', 알베르티의 '성 프란체스코 예배당', 브라만테의 '성 베드로 성당 초기 계획안' '템피에토', 안토니오 다 상갈로의 '파르네제궁', 미켈란젤로의 '캄피돌리오 광장' '성 베드로 성당', 안드레아 팔라디오 '빌라 카프라' '라 로톤다' 등이 있다.

이탈리아 피렌체 대성당

　이탈리아 피렌체에 있는 '피렌체 대성당'의 정식 명칭은 '꽃의 성모 마리아'라는 뜻의 '산타 마리아 델 피오레 대성당'이다. 건축가이자 조각가인 아르놀포 디 캄비오가 1296년에 '산타 레파라타 성당'이 있던 자리에 설계했다. 이후 여러 건축가들이 담당했는데 브루넬레스키가 만든 돔으로 유명하다. 실외는 흰색으로 윤곽선을 두른 초록색과 분홍색의 대리석 판으로 마감돼 있다. 실내는 3개의 넓은

● 피렌체 대성당 내부.   ● 피렌체 대성당 돔.

본당이 팔각형 돔 아래에서 끝나도록 디자인했으며, 성당의 중심 공간인 중랑은 산타 레파라타 성당의 영역을 감싸도록 했다.

피렌체 대성당의 돔은 공학 기술과 예술적 디자인이 완벽하게 조화된 혁신적인 결과물이다. 브루넬레스키는 팔각형 기둥 모양의 큰 통(드럼)에서 시작해 원뿔형으로 올라가는 것으로 돔을 시작했다. 작업에서 가장 큰 문제는 외부에서 지지해 주는 버팀벽이 없는 채로, 쏟아지는 무게를 견디며 벽돌을 쌓아 올리는 일이었다. 이에 브루넬레스키는 로마의 판테온이 두꺼운 '이중 쉘(판을 휘어서 곡면으로 만든 것)' 구조로 건설된 것에서 힌트를 얻어 피렌체 대성당 역시 이를 사용해 무게 중심을 분산했다. 돔의 아래쪽으로 내려가는 압력과 사방으로 퍼져 내려가는 힘의 무게 중심을 받치기 위해서는,

완전한 반구 형태가 아닌 위로 올린 우산대 모양과 원형에 가까운 팔각돔으로 설계했다. 돔을 하나는 내부에, 다른 하나는 바깥으로 올린 이중 쉘 구조 사이에 계단을 배치하고, 안전을 위해 내부를 수직과 수평의 쇠사슬과 고리로 연결했다. 이 새로운 이중 돔의 완성으로 피렌체는 인간과 자연과 우주를 재발견하는 도시로 재탄생하게 된다.

바로크와 로코코 :
일그러진 진주와 조개 장식

르네상스 건축의 특징은 15~16세기 이탈리아를 중심으로 두드러졌다. 그러다 시간이 흐르면서 프랑스, 영국, 독일 등 서유럽 전체로 확장해 영향을 주었다. 르네상스 건축의 시각적이고 표면적인 디자인이 도입되었는데 국가별로 다른 특징을 나타낸다.

이후 프랑스, 독일, 오스트리아를 중심으로 '바로크'와 '로코코'라는 새로운 시대의 문화와 건축이 나타난다. 포르투갈어로 '일그러진 진주'를 의미하는 바로크는 르네상스에 비해 파격적인 것이 특징이다. 이는 17~18세기에 걸쳐 서양의 미술, 음악, 건축 등에 영향을 주었다. 18세기에 들어서는 우아하고 경쾌한 점이 특징인 로코코 양식이 시작됐다. 로코코는 '조개껍데기 모양의 장식'이라는 뜻의 프랑스어에서 왔다.

17세기 유럽은 지배자 개인이 절대적인 권력을 가지고, 국민의 뜻이나 법률에 제약을 받지 않는 정치사상이 중심이었다. 봉건국가

서양 사회, 세계사의 시작과 건축

에서 벗어나 중앙집권적 근대 국민국가(민족을 단위로 형성된 국가)가 건설되었다.

기존의 기독교적 이념은 17세기 합리주의와 고전주의의 정신 앞에서 사라져 갔고, 18세기 새로운 계몽주의 사상이라는 지적 운동으로 인해 더욱 물러가게 되었다.

● 산 카를로 알레 콰트로 폰타네 성당.

계몽주의 사상은 인간의 이성과 노력이 이상적 사회를 건설할 수 있다는 확신을 바탕으로 했는데, 이는 서양사에서 하나의 새로운 현상이 되었다.

바로크와 로코코의 기원과 배경은 다양하다. 바로크의 지리적 배경은 주로 로마지만, 프랑스는 고전주의 경향, 오스트리아 및 남부 독일은 대중화 등 각 지역별로 여러 가지 특색을 지닌다. 이 시대는 기존에 다소 경직되었던 종교의 본질이 세상의 흐름에 따라 변화하면서 로마의 교황이 예술을 후원하게 된다.

바로크 양식은 절대주의 양식으로도 불리는데, 절대 권력을 가진 독재자에 의해 통치되는 중앙집권국가의 양식을 의미한다. 프랑스의 바로크는 절대자의 세속적 영광을 나타내기 위한 것으로, 억제되고 엄격한 고전주의적 특성을 보인다. 일부에게 독점되던 지식이 대중화되면서 회화, 조각, 건축은 복잡성, 풍요성, 빛의 극적 효과를 이용해, 웅장하고 동적이며 화려하고 과장되면서 열정적이고, 다양한 종합 예술이 되었다.

바로크 양식의 건축은 르네상스보다 규모는 커지고, 곡면 형태에 바탕을 두어 동감(움직이는 듯한 느낌)의 효과를 가지며, 새로운 평면 형식과 공간 창조를 시도한다. 르네상스 양식이 가진 균형과 조화가 아닌 파격적 효과, 감각적 풍요, 생동감 있는 동적 표현, 화려하고 풍부한 장식 등 최소한의 질서 안에서 우연과 자유분방함을 강조한다.

바로크 건축의 특징

기존의 르네상스 건축은 법칙을 추구했던 반면, 바로크 건축은 전통에서 벗어난 열정적이고 자유롭고 장식적인 것이 특징이다. 회화와 조각에서도 예외가 아니다. 건축에서는 투시도 기법의 공간 구성, 외부와 건축 공간의 조합, 이중 돔, 원형 돔에서 타원을 사용한 동적인 곡면의 탄생이 돋보인다. 바로크 양식의 주요 건축가는 조반니 로렌초 베르니니를 들 수 있는데 건축가이자 화가, 조각가이다. 대표작으로 '성 베드로 성당 광장' '스칼라 레지아' 등이 있다.

서양 사회, 세계사의 시작과 건축

●성 베드로 성당 전경. ●성 베드로 성당 내부.

또 다른 건축가로는 프란체스코 보로미니가 있는데 풍부한 독창력
과 상상력을 바탕으로 한 '산 카를로 알레 콰트로 폰타네 성당' 등을
설계했다. 바로크 시대의 주요 건축물로는 '성 베드로 성당' '베르사
유 궁전'을 들 수 있다.

프랑스 베르사유 궁전

베르사유 궁전은 프랑스 파리 외곽 도시인 베르사유에 있는 루이
14세의 왕궁이다. 그는 베르사유 궁전을 건설하면서 자연스럽게 파
리의 귀족들이 근처로 모여들게 해, 지역 귀족을 감시하려는 정치
적 목적이 있었다. 궁전은 단순한 왕실의 처소를 넘어 정부 기능을
담당했다. 원래 이곳은 여름 별장이었으나 1682년 루이 14세가 파
리 루브르 궁에서 베르사유로 거처를 옮겨, 1789년 왕가가 수도로
돌아갈 때까지 앙시앵 레짐(프랑스 혁명 전의 절대군주 시기) 권력의

베르사유 궁전 내부 거울의 방.

중심지였다. 베르사유 궁전은 바로크 건축의 대표 건축물로, 호화로운 건물과 광대하고 아름다운 프랑스식 정원에 1,400개의 분수, 700여 개의 방, 특히 '거울의 방'으로 유명하다. 이 방은 벽과 천장이 베네치아산 거울로 된 길이 73m의 크기로, 12세기 중반 프랑스를 대표하는 문장(국가, 단체, 집안 등을 나타내는 그림이나 문자)인 백합 모양이 장식돼 있다. 1919년 제1차 세계대전을 형식적으로 마무리지었던 '베르사유 조약'이 이루어진 곳이기도 하다.

궁전의 안뜰에는 '그랑 트리아농'과 '프티 트리아농'을 포함한 작은 궁전들이 있다. 베르사유 궁전을 별장에서 궁전으로 만든 루이 14세는 자신을 태양에 비유하며 절대적 존재임을 자주 드러냈는데, 궁전 곳곳에 태양신 아폴론의 조각을 배치했다. 하지만 베르사유 궁전이 실제로 사용된 기간은 매우 짧고, 1715년 루이 14세가

● 프랑스 베르사유 궁전 정원.

서양 사회, 세계사의 시작과 건축

죽자 루이 15세는 파리로 다시 궁전을 옮겼다.

거대한 베르사유 궁전은 가난한 농민과 도시 빈민들에게서 거둬들인 세금으로 유지되었는데(당시 귀족과 성직자는 세금을 내지 않았다), 부패한 왕실과 특권층에 대한 반발은 끝내 1789년 '프랑스대혁명'을 이끌었다.

로코코와 로카이유 무늬

로코코 또는 후기 바로크는 1730~1750년경 루이 15세 시대를 말한다. 루이 14세 시기는 고전 바탕의 엄숙한 바로크 시대였다면, 루이 15세 때는 조개 무늬에서 보이는 곡면과 곡선을 이용한 '로카

● 독일 뷔르츠부르크 궁전.

이유' 양식이 유행했다. 이 양식은 건축물에 도입돼 내부 장식의 주류를 이루는데, 국왕의 이름을 따 루이 15세식 또는 로코코 양식이라고 한다.

　로코코 건축은 매우 장식적이며, 바로크보다 우아하고 섬세하게 치장한다. 프랑스 바로크는 파리를 중심으로 남부 독일, 오스트리아 등지에서 환영받았으나 큰 영향을 미치지는 못했다. 내부 공간의 특징은 직선, 수평선, 직각 등은 피하고 경쾌한 장식, 실용적이며 우아한 곡선 및 곡면을 사용한다. 백색 바탕에 금, 은 조각의 화려한

장식을 사용하기도 하고 리본형, 나선형, 소용돌이 무늬, 로카이유, 종려, 꽃 장식 등의 문양을 사용한다.

엄밀한 의미에서 로코코는 바로크나 르네상스처럼 한 시대를 대표하는 흐름이라고 볼 수는 없다. 18세기는 로코코뿐만 아니라 바로크, 고전주의, 낭만주의가 공존한 시대이며 이때 등장한 예술 양식들은 서로 영향을 주고받는 관계였기 때문에 후기 바로크라 한다.

로카이유 양식을 사용한 로코코 대표 건축물은 오스트리아 빈의 '쇤브룬 궁전'과 독일 '뷔르츠부르크 궁전'의 내부이며, 공예 디자이

● 오스트리아 빈 쇤브룬 궁전.

● 오랑제리.

너 쥐스트 오렐 메소니에의 가구 디자인에서도 볼 수 있다.

빈 쇤브룬 궁전

쇤브룬 궁전은 17세기 말~20세기 초기까지 유럽 역사에 큰 영향을 미친 빈 합스부르크 왕가의 강력한 위력을 상징하는 장소이다. 과거 오스트리아 제국의 로코코 형식 별궁으로 50만 평에 이르는 대지와 1,441개의 방이 있다. 쇤브룬 궁전은 '아름다운 샘'이란 뜻으로 1619년 마티아스 황제가 사냥 중 샘터를 발견한 것에서 유래되었다. 1638~1648년에 걸쳐 첫 번째 궁전이 지어졌으나 1683년 오스만튀르크로 인해 파괴되었다. 1743년, 마리아 테레지아 여제

● 그레이트 팜 하우스.

시대가 되어서야 오늘날의 궁전과 공원의 모습이 되었다. 쇤브룬 궁전은 18세기 중반~1918년까지 합스부르크 가문의 여름 별장으로 쓰이며, 문화적·정치적 중심지가 되었다. 1918년, 왕가가 붕괴하고 새로운 오스트리아 공화국이 출범하자 이곳은 박물관의 역할을 맡았다. 제2차 세계대전이 끝나고 오스트리아가 연합군에 점령당했을 동안에는 영국군을 비롯한 연합국의 회담 장소로 쓰이기도 했으며, 영국군의 본부로 사용되기도 했다.

왕실 동쪽에 있는 '오랑제리'는 18세기 중반에 지어진 세계에서 가장 긴 온실로 유명하다. 궁전의 '그레이트 팜 하우스'는 1880년 영국에서 개발한 건축 기술을 도입해 철골로 세운 인상적인 건물로, 길이 114m에 3개 구역으로 구성돼 있다.

모차르트와 빈

볼프강 아마데우스 모차르트는 1756년 1월 27일에 태어나 1791년 12월 5일 35년의 삶을 마감한 오스트리아의 서양 고전음악 작곡가이다. 그는 어린 시절부터 주목할 만한 음악을 만들었던 신동으로 역사상 가장 재능이 뛰어난 천재 음악가로 인정받는다. 짧은 생애에도 불구하고 현재 남겨진 작품 수만 무려 쾨헬 번호(음악 연구가 쾨헬이 모차르트의 전 작품 목록에 연대순으로 붙인 번호) 626편이며 단순히 곡 수만 많은 것이 아니라 다수의 작품이 높은 음악성을 보이며 음악사에서 중요한 전환점을 만들었다.

그의 음악은 아름답고 순수한 멜로디와 천재성이 돋보이는 곡의 구조, 쉽고 편안하게 들리는 대중성을 포함한다. 이러한 점에서 다른 작곡가들과 구별된다. 모차르트는 빈 음악계의 중심에 살았다. 당시 빈은 합스부르크 군주국의 유일한 여성 통치자이자, 합스부르크 왕가의 마지막 군주인 마리아 테레지아 여제의 시대였다. 빈의 고유한 정치·사회적 상황과 로코코 문화는 최고의 작곡가 모차르트 탄생의 바탕이 되었다.

근대의 시작 :
장식은 범죄다

근대 도시의 탄생

지금부터 200년 전인 19세기만 해도 도시에 거주하는 사람은 세계 인구의 3%에 불과했다. 그러나 현재는 전체 인구의 절반 이상인 수십억 명이 도시에 산다. 어떻게 이렇게 짧은 시간에 새로운 공간을 중심으로 한 세계가 만들어진 것일까?

도시는 고대부터 현대까지 지속되고 있지만 시대에 따라 다르게 형성되고 유지되었다. 유럽의 고대 도시는 이미 오래전 로마 시대부터 도로와 건축 기술 등으로 발달했다. 중세 시대에는 중앙집권적 권력의 고대 도시와 다르게 교회와 도시 주민들의 자치 권력이 형성되면서, 지역적인 특성을 갖춘 도시가 만들어지기 시작했다. 이후 귀족들의 정치적 투쟁 과정 중 농업보다는 무역과 상업을 통해 경제적 부를 획득한 부르주아 계층의 등장으로 근대사회로의 전환이 시작된다. 시간이 흘러 18세기 유럽에서 과학과 기술의 발달

●산업혁명에 중대한 역할을 한 와트 증기 기관.

로 시작된 산업혁명으로 농민들은 일자리를 찾아 도시로 모여든다. 도시와 사람들은 이 노동력을 이용해 부를 축적한다. 산업화 이후 경제적인 풍요로움과 함께 시간적으로도 여유로운 생활을 하게 되었다. 본격적인 근대사회의 도시가 탄생한 것이다.

그러나 시간이 흐르면서 이러한 여유는 허영, 삶의 공허함, 열등의식에 빠지게 되는 결과를 가져와 사회 전반에 위기가 나타난다. 그와 함께 도시의 체계는 제대로 형성되지 못한 상태에서 인구가 폭발적으로 늘어나면서, 위생과 주택 부족 등 다양한 문제가 발생한다. 19세기 말 유럽은 산업혁명의 여파로 오랫동안 기존의 사회를 지탱해 왔던 귀족 문화가 서서히 붕괴하고, 대중문화가 새로운 가치를 갖게 되면서 두 체계가 서로 대립하고 갈등하기에 이른다. 이는 귀족이나 일반 시민 모두에게 그들이 오랜 역사 내내 지녀왔

던 가치관의 변화를 강요하기에 이른다. 한 세기의 시작인 1900년
대는 완전히 새로운 시대가 다가올 기미가 가득했다. 이전에 화려
한 장식으로 가득했던 건축은 모든 것을 다 버리고 새로운 시대에
앞장섰다.

세기말 작곡가 말러와 화가 실레

구스타프 말러는 19세기 말~20세기 초 오스트리아 제국에서 활
동한 보헤미아(체코) 태생의 후기 낭만파 작곡가이자 지휘자이다.
작곡가로서 그는 19세기 오스트리아·독일의 전통과 20세기 초 현
대주의 사이의 다리 역할을 했다. 당시는 사회적 불안과 국제적인
긴장이 최고조였기에 불안한 정서가 널리 퍼져 있었다(1914년 제
1차 세계대전이 일어났다). 말러로 대표되는 후기 낭만파 음악은 이러
한 정서를 반영한 화음의 대담한 사용, 음악 외적 요소와의 융합, 악
기 편성 규모의 확대 등이 특징이다.

유럽 근대사회의 어두운 면을 보여 주는 이런 변화는 음악뿐만
아니라 미술에서도 나타난다. 화가 에곤 실레는 주로 공포와 불안
에 떠는 인간의 육체를 묘사해 자신만의 세기말적 스타일을 확립했
다. 기계문명이나 거대한 사회가 인간에게 부정적인 영향을 가져온
다는 뜻의 '인간소외'와 시대적 불안감이 합쳐져서 기존과는 다른
극단적인 경향이 형성된다.

● 작곡가 구스타프 말러.

서양 사회, 세계사의 시작과 건축

● 화가 에곤 실레.

분리와 해방의 예술운동

합스부르크 왕조 이래 유럽 문화의 중심 도시로 자리 잡은 오스트리아 빈 역시 왕조의 퇴조와 더불어 세기말적 분위기가 도시 전체를 지배하고 있었다. 그러나 새로운 시대가 나타날 것을 직감한 지식인과 예술인들은 이러한 위기를 극복하기 위한 시각이 필요한 것을 깨닫고, 기존과 다른 예술을 발전시킨다. '분리'를 의미하는 '제체시온(Sezession)' 운동은 변화된 새로운 시대에도 여전히 낡고 뒤떨어진 생각으로 대처하던 기존의 문화와 정면으로 대립한다.

건축은 과거 양식을 모방하는 역사주의 건축을 거부하고 형식적인 것을 탈피하며 새로운 현대 건축으로 분리·해방되었다. 제체시온은 근대건축의 기초를 만드는 역할을 하며 그 발전에 큰 영향을 미쳤다. 이 예술운동에는 오토 콜로만 바그너, 요제프 마리아 올브리히, 구스타프 클림트 등 당대의 건축가, 예술인, 지식인 모두가 뜻을 같이해 동참했다. 건축가 아돌프 로스도 운동 초기에 참여한 사람 중 하나였다.

장식은 범죄다, 로스 하우스

아돌프 로스는 20대 초반 미국에서 건축 일을 하다 다시 빈으로 돌아와 1933년 일생을 마칠 때까지 활동했다. 그는 기존과 구별된

● 로스 하우스.

건물을 짓기 시작했고, 1909년 '로스 하우스'라는 건물이 도시의 중심부에 드러나게 되었다. 이는 주거와 상업 시설을 모두 갖춘 건물이었다. 순수한 건축 재료의 사용, 장식의 제외, 라움 플랜(벽으로 나뉜 독립적인 성격의 방으로 이루어진 방식)과 공간의 연결성 등이 특징이다. 오늘날의 관점에서 보면 평범해 보일 수 있지만, 모든 근대 양식은 이 건축으로부터 비롯되었다.

로스 하우스는 빈의 중심지이자 합스부르크 왕조의 궁전인 '호프부르크'가 있는 미카엘러 광장 건너편에 지어졌다. 설립 당시, 격자의 창과 아무런 장식 없는 외관은 온갖 화려한 장식으로 둘러싸인 왕궁에 대한 모독으로 여겨졌고, 빈의 아름다움이 장식에서 비롯되었다고 믿는 시민들에게도 반역적인 건물이었다. 당시의 비평은 "로스 하우스는 눈썹 없는 건물"이라거나 "맨홀 뚜껑 같은 건물" 등

● 화가인 릴리 슈타이너를 위해 아돌프 로스가 지은 슈타이너 하우스.

주로 장식이 없다는 것에 집중되었다. 그러나 아돌프 로스는 "건축이 과시하는 도시의 모습을 보고, 장식은 죄악이며 참다운 건축은 내부로 향한 것이어야 하고 침묵이야말로 이 어지러운 도시에서 가장 가치 있는 것"이라고 주장했다.

로스의 새로운 건축에 대한 신념은 이성에 바탕을 두고 인간 정신의 승리를 추구하는 모더니즘이 탄생하게 된 중요한 계기가 된다. 철학자 칼 크라우스는 "아돌프 로스는 미카엘러 광장에 건축을 세운 게 아니라 철학을 세웠다"고 말했다. 모더니즘은 20세기의 문화 창조를 주도해 세기말의 위기를 극복하게 한 위대한 시대정신이었으며, 현대를 만든 바탕이다.

산업혁명 이후 :
거장들의 시대

근대의 시작에 대해서는 적지 않은 의견이 존재하지만, 일반적으로 산업혁명 이후인 18세기 말~19세기를 말한다. 근대는 임금이 다스리던 정치가 끝나고, 개인을 존중하는 민주주의와 자본주의가 등장하는 것이 특징이다. 19세기는 1775년 '미국독립전쟁'과 1789년 '프랑스혁명'에서부터 시작해 1848년 '2월 혁명'에 이르기까지, 군주에게 절대적인 권력을 부여하는 절대주의가 붕괴된 시민사회의 발전기에 해당한다.

프랑스혁명과 미국독립전쟁은 계몽사상이 영향을 미쳤다. 계몽사상이란, 교회의 권위에 바탕을 둔 구시대의 제도에 반대해 인간적이고 합리적인 이성의 계몽을 통해 생활의 진보와 개선을 꾀하는 것을 말한다. 이를 통해 상품을 소유자끼리 자유롭고 평등한 입장에서 교환하는 자본주의 경제체제를 확립했다. 동시에 귀족과 평민이라는 불합리한 신분제를 없애 만민 평등과 개인의 자유가 지배하는 시민사회를 세웠다.

● 바우하우스 학교 건물.

근대건축의 중요한 건축가들

'근대건축'은 이전의 전통적인 건축양식을 비판하고, 새로운 건축술과 재료 등으로 현실에 맞는 건축을 하려 했다. 특히 모더니즘 사상은 20세기 근대건축의 중심적인 주제로, 그 결과 산업화와 표준화를 바탕으로 한 합리적이고 자율적인 건축이 나타났다. 제1차 세계대전 이후 유럽에서, 제2차 세계대전 이후 전 세계적 인기를 얻은 모더니즘 건축은 21세기까지 지배적인 건축양식의 위치를 지켰다. 모더니즘에 대한 반동으로 포스트 모더니즘이 탄생했으며, 포스트 모더니즘에 대한 반동으로 네오 모더니즘이 태어났다.

근대건축에 있어 중요한 건축가로는 발터 그로피우스, 르 코르뷔지에, 루트비히 미스 반 데어 로에, 알바 알토, 프랭크 로이드 라이

●파구스 공장.

트, 루이스 칸 등이 있다.

근대건축의 모범, 발터 그로피우스

발터 그로피우스는 모더니즘을 대표하는 독일의 건축가로 근대건축의 특징인 산업화와 표준화를 대표하는 인물이다. 그가 1919년 독일 바이마르에 설립한 국립 조형 학교 '바우하우스'는 공업 기술과 예술의 통합을 목표로 전 세계 현대건축과 디자인에 큰 영향을 끼쳤다. 그로피우스는 초기에 주로 공장과 사무소를 설계하다가, 제1차 세계대전 후 바우하우스 교장을 맡아 제자들을 가르쳤고, 이후 베를린 주택단지 건설에 참여했다. 그러다 나치스(히틀러가 우두머리로 있던 독일의 파시스트당)와 맞서다 영국으로 망명해, 이후 미국에서 활동하며 하버드 대학 등에서 교수를 지냈다.

대표작으로는 바우하우스 학교 건물, 아테네 미국대사관, 파구스 공장, 하버드 대학교 대학원이 있다. 파구스 공장은 중요한 근대 건축물 중 하나로 유리와 건축자재를 커튼월 양식으로 둘러 설계한 것이 특징이다. 건물의 무게는 모두 기둥, 보, 바닥, 지붕으로 지탱하고, 외벽은 부담이 없는 근대적인 기능적 특징과 노동자 계층의 건강에 좋은 환경을 제공하려 했던 그로피우스의 관심이 돋보인다.

르 코르뷔지에와 도미노 시스템

새로운 시대의 근대건축은 스위스 출신의 건축가 르 코르뷔지에 의해 프랑스를 중심으로 펼쳐졌다. 그는 "집은 인간이 살기 위한 기계"라는 명언과 함께 근대건축 5원칙인 필로티(건축물의 1층은 기둥만 서는 공간, 2층 이상에 방을 짓는 방식), 수평창, 자유로운 평면, 자유로운 파사드(정면), 옥상정원을 확립한 건축가이자 건축 이론가다.

르 코르뷔지에는 1918년 프랑스 파리에서 만난 화가이자 미술 이론가인 아메데 오장팡과 공동으로 순수주의 운동인 '퓨리즘' 선언을 발표했다. 그리고 1920년, 이성적이고 질서정연하며 구조적인 방식을 추구한 순수주의 미술 잡지 《에스프리 누보》를 창간한다. 르 코르뷔지에는 여기에 새로운 건축의 개념을 구체화한 글을

● 빌라 사보아.   ● 도미노 시스템의 구조.

연재했으며, 이는 1923년 현대건축 역사상 가장 중요한 책 중 하나로 평가받는《건축을 향하여》(동녘, 2002)라는 책으로 출간되었다.

르 코르뷔지에는 1915년, 혁신적 개념의 건축 이론인 '도미노(Dom-ino)' 시스템을 만들었다. 도미노는 '집'을 뜻하는 라틴어 도무스(Domus)와 혁신을 뜻하는 영어 이노베이션(Innovation)을 결합한 단어다. 최소한의 철근콘크리트(철근을 뼈대로 넣는 콘크리트) 기둥이 모서리를 지지하고, 바닥 면의 한쪽에 각 층으로 올라가는 계단이 있는 개방적 구조이며, 벽체가 아닌 기둥이 바닥 면을 지탱하고, 벽체의 연속성과 가변성으로 자유롭고 다양한 공간 구조를 형성하는 건축 시스템이다.

르 코르뷔지에는 전후 파리 재개발 프로젝트인 '부아쟁 계획'과 파리 외곽 푸아시의 '빌라 사보아', 마르세유의 서민용 집합 주거 건물 '유니테 다비타시옹' 등을 통해 근대건축과 현대건축의 원형을 제시했다.

독자적인 세계관, 미스 반 데어 로에

　독일 출신의 미국 건축가인 루트비히 미스 반 데어 로에는 "적은 것이 많은 것이다"라는 명언과 철과 유리만을 사용한 근대건축의 특징인 '유니버설 스페이스(다목적 이용이 가능한 무한정 공간)' 등으로 유명하다. 대표 건축 작품으로는 '바르셀로나 파빌리온' '투겐타트 주택' '판스워스 주택' 'IIT 크라운 홀' '시그램 빌딩' '베를린 국립 박물관' 등이 있다.

　그중 바르셀로나 파빌리온은 바르셀로나에서 열린 엑스포에서 독일관으로 사용된 작은 건물로 당시의 다른 건축물과 달리 매우 단순하다. 떠 있는 지붕과 자유로운 벽면, 그 사이를 흐르는 빛이 전부다. 나지막한 지붕은 지탱하는 벽이나 기둥과는 상관이 없어 보일 만큼 분리된 디자인이고, 투명한 유리가 내외부를 나누고 있기도 해서 지붕이 마치 허공에 떠 있는 느낌이다. 벽들은 얇고 가벼워

● IIT 크라운 홀.

● 판스워스 주택.

●바르셀로나 파빌리온.

서 구조상 더 자유롭게 활용되고, 십자형 스테인리스 스틸 기둥이 무거운 지붕을 지탱한다.

이 건물은 전 세계 건축에 큰 영향을 미치며, 현대건축의 원형과 같은 위치에 있다. 미스 반 데어 로에는 바르셀로나 파빌리온을 통해 근대사회를 대표하는 철에 형태를 부여했다. 철은 나무나 돌 같은 전통적인 건축 재료와 달리 그때까지만 해도 낯선 재료였으며, 밖으로 드러나지 않는 숨은 재료이자 비인간적 기계문명의 상징이었다. 이를 이용해 기존의 형태와 재료의 관계를 벗어나 새로운 시대의 미니멀리즘을 보여 준 것이다.

이후 미스 반 데어 로에는 미국으로 이주해 주로 활동하던 시카고에서 다양한 대규모 건축물을 설계한다. 말년에는 뉴욕에 '시그램 빌딩'이라는 걸작을 남기기도 했다.

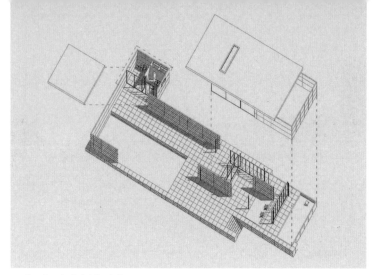

● 바르셀로나 파빌리온 설계도.

핀란드 대표 건축가, 알바 알토

알바 알토는 기능주의(건축의 형태는 목적과 기능에 따라 설계되어
야 한다는 태도)에 반대하는 핀란드의 건축가다. 그는 스웨덴의 예테
보리 박람회, 툴크 시 주택지 계획, 오르 공장 공동체 계획 등 다양
한 건축에 참여했다. 발터 그로피우스나 르 코르뷔지에 등 다른 근
대건축가들과 다르게 곡선을 많이 사용해 자유로운 건축을 나타낸
것이 특징이다.

핀란드가 있는 북유럽의 건축은 중세의 고딕과 르네상스 시기를
거치면서 프랑스, 이탈리아, 독일 등 유럽 대륙의 중심지로부터 여
러 양식들이 도입되어 현지에 맞게 수정되었다. 서유럽에 비해 산
업화와 도시화가 늦어 그로 인한 기계화와 인간성 상실, 도시집중,

● 단순한 형태와 치밀한 비례로 유명한 뉴욕 시그램 빌딩.

● 핀란디아 홀.

● MIT 기숙사.

과밀화 등의 문제가 최소화되고 복지국가로서 자연의 혜택을 받으며 성장했다. 이러한 배경은 지역주의와 인간주의적 특성을 탄생시켰다. 이후 기술과 예술이 생활 속에서 어우러지며 인간과 주변 환경의 배려가 깃든 문화가 형성된다. 지역의 기후와 대지의 특성에 대한 깊은 연구의 결과로 내구성, 실용성, 독창성, 단순성, 우아한 디자인이 북유럽 건축의 특징이다.

알바 알토는 전통과 모더니즘 사이에서 자연과 문화, 사회와 개인, 표준화와 다양성, 보편성과 지역성, 지적인 것과 감성적인 것, 과학 기술과 인간 심리적인 것, 합리성과 직관적인 것 등 서로 다르고 반대되는 요소들을 건축 공간에 전반적으로 적용했다. 일정한 하나의 양식을 가지고 건축의 스타일을 추구하기보다는 시대에 따른 사회적 변화를 수용해 다양한 건축양식을 자유롭게 사용했다. 대표작으로는 파이미오 결핵요양소, 비퓨리 시립도서관, 핀란디아 홀, MIT 기숙사 등이 있다.

알바 알토의 초기 작품인 파이미오 결핵요양소는 다양한 형태와

● 파이미오 결핵요양소.　　　　　　● 파이미오 결핵요양소 내부.

재료 사용, 직선과 파동 곡선, 공간 사용자에 대한 배려, 대지의 지형에 맞춘 설계 등이 건축적 특징이다. 특히 건축가의 인간주의적 특성이 돋보인다. 결핵 환자가 머무는 병원인 만큼 태양 빛과 맑은 공기, 녹지 등의 필요를 반영해 그러한 것들을 최대한 내부 공간에 넣으려고 했다. 이런 노력은 개방적인 발코니와 지붕의 일광욕 공간에서 나타난다.

　일반적으로 요양원의 병실과 발코니는 하나의 공간으로 계획하지만, 알바 알토는 여기에 경계를 두어 발코니를 개별적인 공간으로 만들어 빛과 공기를 제공했다.

　인간주의적 측면은 재료에서도 나타나는데, 환자의 심리를 고려한 내부 계단의 노란색 바닥재는 추운 겨울에도 따뜻한 분위기를 유도한다. 가구 또한 자연 재료인 목재를 이용한 것들로 제공해 환자들이 더 편안한 감각을 가질 수 있도록 배려했다. 알바 알토의 건축은 이처럼 전통적 건축양식이나 기술적 합리주의가 아닌 인간을 중요시한 것이 특징이다.

근대건축의 선구자, 프랭크 로이드 라이트

20세기 미국의 가장 위대한 건축가 중 한 명으로 평가받는 프랭크 로이드 라이트는 자신이 살았던 시대를 앞서는 감각으로 오늘날에 봐도 매우 현대적인 주택, 학교, 교회, 공공건물, 사무소 등을 설계했다. 그는 일본 문화에 영향을 받아 자연 속의 건축, 즉 건물과 주변 자연이 조화를 이루는 '유기적 건축'을 추구했다. 대표작으로는 프레리 하우스, 로비 하우스, 데이코쿠 호텔, 낙수장(폴링워터), 저택 탈리에신, 존슨 왁스 사무소, 뉴욕 구겐하임 미술관 등이 있다.

프랭크 로이드 라이트는 1867년 미국 중서부 위스콘신 주에서 태어나 위스콘신 대학에서 공학을 전공한 후 시카고의 루이스 설리반과 댄크마 애들러의 설계 사무소에서 일했다. 그가 초기에 설계한 건축은 초원 주택이라는 뜻의 프레리 하우스로 불린다. 로비 하우스, 윌리츠 하우스가 여기에 속하는 대표 건축물이다. 또한 유소니아 하우스로 불리는 중산층을 위한 상대적으로 저렴한 주택도 설

● 로비 하우스.

● 로비 하우스 내부.

● 낙수장.　　　　　　　　　● 원통형 건축물인 뉴욕 구겐하임 미술관.

계했다.

　그는 본사가 있는 위스콘신 주에 탈리에신 하우스를 설계해 자신의 작업장 겸 주택으로 사용했으며, 애리조나 주 피닉스에 탈리에신 웨스트 프로젝트와 장학제도를 설립해 학생들과 함께 일하고 생활하고 공부하며 젊은 건축가를 양성하는 데도 적극적이었다.

　프랭크 로이드 라이트는 건축에는 생명과 정신이 존재해야 한다고 믿었다. 건축물은 자연과 이어져야 한다는 것이 그의 생각이었다. 그래서 건물을 세우기 위한 최적의 장소를 선정하는 것은 설계 과정에 있어서 가장 중요한 첫걸음이라고 강조했다. 펜실베이니아 주의 주택 낙수장은 이러한 그의 정신을 잘 드러내는 뛰어난 건축 작품이다. 산속 물가에 있는 커다란 바위 위에 세워진 주택으로 집

● 필립 엑스터 도서관.

● 솔크 생물학 연구소.

에서 계단을 따라 내려오면 독특하게도 바로 폭포에 닿는다.

건축물의 구도자, 루이스 칸

루이스 칸은 "건물은 무엇이 되기를 원하는가"라는 질문으로 널리 알려진 '철학적 건축'을 창조한 건축가로, 공간을 서비스하는 곳과 받는 곳으로 나눠 만든 것으로 유명하다.

그는 에스토니아에서 태어나 어릴 때 가족과 함께 미국 필라델피아로 이주해 펜실베이니아 대학에서 고전주의 건축을 공부하고, 졸업 후 유럽으로 떠나 고전건축을 연구해 모더니즘을 찾았다. 공간을 부피를 가진 덩어리로 시작해 차차 분할하고 열림, 내부와 외부의 소통 등을 중심으로 연구해 나갔으며, 공간을 다양하게 사용할 수 있도록 벽을 줄인 새로운 건축 방식을 만들어냈다. 건축가의 사회적 책임을 강조해 "건축물의 구도자(진리를 찾는 사람)"라는 별명이 있다. 대표작으로 리처드 의학 연구소, 킴벨 미술관, 필립 엑스터 도서관, 솔크 생물학 연구소 등이 있다.

근대건축의 생김새가 건축물의 기능에 중점을 두었다면, 루이스 칸 이후로 건축물은 인간의 기본욕구에 따르는 것으로 변화했다. 또한 그는 질서와 형태, 디자인을 중요시했으며 '침묵'과 '빛'이라는 추상적인 표현을 사용해 건축 철학을 표현하기도 했다.

루이스 칸의 대표적 건축물은 방글라데시 국회의사당으로 콘크리트와 대리석을 잘 조화시켜, 사각형과 삼각형, 원형 모양이 골고루 드러난다. 서로 다른 모양의 공간이 각각의 기능을 갖추면서도 완벽한 조화를 이루어 마치 퍼즐을 연상시킨다. 별도의 창을 내지 않고 각 모양을 덧대면서 나온 틈으로 빛이 들어오게 했다. 이는 그가 강조하는 '화합'을 잘 보여 준다. 이곳의 넓은 테라스는 평화롭게

●방글라데시 국회의사당.

모임을 하는 대중과도 교감을 만들어 내는 공간이다.

미국 샌디에이고의 솔크 생물학 연구소는 기존에 자신이 설계한 리처드 의학 연구소를 좀 더 발전된 디자인으로 만든 것이다. 태평양이 내려다보이는 언덕 위에 거의 대칭인 두 개의 건물을 배치했는데, 마치 거대한 무대처럼 그 사이가 멀리까지 비어 있다. 이곳은 정신적인 공간으로 설계됐다. 자연과 건축물의 조화로 영감을 주는 공간인 셈이다.

철의 등장 :
철골 구조와 초고층 건물

도시 풍경의 변화

'마천루'는 하늘을 찌를 듯이 높게 솟은 고층 건물이란 뜻으로 초고층 빌딩이라고도 한다. 대체로 아파트, 오피스텔, 호텔, 사무실 등이 많고, 기록적으로 높은 마천루는 도시의 랜드마크가 되기도 한다. 세계초고층도시건축학회(CTBUH)는 지상 50층 혹은 200m 이상의 건물을 마천루로 정의한다. 20세기에 들어 도시의 인구밀도가 높아지면서 철근콘크리트와 철골 구조의 발전, 엘리베이터의 발명으로 건물의 높이 또한 전보다 높아지고 있다.

프랑스 파리의 상징, 에펠탑

에펠탑은 근대를 상징하는 프랑스 파리에서 가장 높은 건축물

●마천루의 도시 두바이.

이다. 1889년, 프랑스혁명 100주년을 기념해 개최된 파리 만국박람회 때 세워졌다. 철의 시대를 상징하기도 하는 이 탑은 공모전을 통해 선정된 프랑스의 공학자 귀스타브 에펠의 작품으로 그의 이름을 따 붙였다. 에펠탑의 높이는 330m로 81층 건물과 비슷하다. 1930년, 뉴욕 크라이슬러 빌딩이 세워지기 전까지 세계에서 가장 높은 건축물이었고, 방송용 안테나를 제외하면 2004년 지어진 미요 대교(프랑스 남부 지역의 계곡들을 연결하는 차량용 다리)에 이어 프랑스에서 두 번째로 높은 구조물이다.

파리의 상징인 현재의 긍정적인 평가와 달리 에펠탑은 공사 초기에 도시의 풍경을 해치는 철 구조물이라는 비난이 많았고, 1909년에는 철거될 뻔한 적도 있다. 그러나 시간이 흘러 에펠탑으로 인해 프랑스는 최첨단 기술을 보유한 국가라는 이미지를 가지게 되었고,

● 에펠탑.

당시 세계에서 가장 높은 인공 구조물이라는 새로운 건축 역사가 쓰였다.

에펠탑의 철골 구조는 철과 콘크리트, 유리를 활용한 근대적 건축물로 인정받으면서 이후 건설된 철도 역사, 다리 등에도 큰 영향을 끼쳤다.

막 생겼을 당시 파리 시민들의 비난에도 불구하고 많은 사람들이 에펠탑을 방문했고 성공적으로 박람회를 마무리할 수 있었다. 이로 인해 프랑스는 정치가 불안한 국가라는 부정적인 이미지가 사라졌다. 이후 많은 영화에서 배경으로 사용하면서 에펠탑은 파리의 상징물이 되었다. 이 외에도 광고, 항공 등대, 라디오와 텔레비전의 송신, 무선통신용 안테나 설치 등으로 다양하게 활용되고 있다.

미국 엠파이어 스테이트 빌딩

엠파이어 스테이트 빌딩은 1931년 미국 뉴욕 시에 지어졌다. 지상 102층에 높이 381m이며 1953년에 설치된 안테나 탑을 포함할

엠파이어 스테이트 빌딩이 보이는 맨해튼의 저녁 풍경.

경우 443m이다. 86층 콘크리트 건물 위의 16층 철탑은 원래 비행선(큰 기구 속에 헬륨이나 수소 등을 넣고 공중을 날아다니도록 만든 항공기)을 붙들어 매기 위해 세운 것이었으나, 바람이 심해 위험하다는 이유로 거의 사용되지 않았다. 현재 이곳에는 전망대와 방송용 안테나가 있다. 영화 〈킹콩〉의 안테나 탑 장면으로도 유명하다.

이 빌딩에는 73개의 엘리베이터, 1,860개의 계단이 있으며, 약 940개의 회사에서 2만여 명의 사람들이 일하고 있다. 세계무역센터가 지어지기 전까지 세계에서 가장 높은 건물이었다. 2001년 9.11 테러로 세계무역센터가 붕괴된 뒤 다시 가장 높은 건물이 되었다. 엠파이어 스테이트 빌딩을 포함하는 뉴욕 시의 마천루는 20세기 전반 이곳의 산업적 기능을 잘 보여 준다.

철골 구조와 미래

새로운 시대에는 그에 걸맞은 건축이 나타난다. 현대건축 이전과 이후의 가장 큰 차이는 철이라는 새 건축 재료를 이용한 구조다. 인류가 오랫동안 사용해 왔던 기존의 콘크리트는 재료의 특성상 초고층으로 쌓아 올리기가 어렵다. 이를 철근으로 보강한 것이 철근콘크리트지만 이것도 높이에는 한계가 있었다. 이를 해결한 것이 철골구조(건축물의 뼈대가 철재로 된 구조)이다. 그동안 인류가 개발한 건축 재료는 다양하지만, 가장 큰 역할을 한 것은 바로 철이다.

● 철근콘크리트 구조.　　● 철골구조.

이때부터 건축은 철의 날개를 달고 하늘로 날기 시작한다. 상상을 초월한 높이의 마천루, 현대의 바벨탑이 세워진다. 우리 가까이에 있는 서울의 가장 높은 건축물인 롯데월드타워는 555m이고, 세계에서 가장 높은 두바이의 부르즈 칼리파는 828m이다. 심지어 사우디아라비아에 짓고 있는 초고층 빌딩 제다 타워는 지상 168층, 지하 3층으로 높이 1,008m이다.

하늘 높이 날기를 꿈꿨던 고대 그리스 신화 속 이카루스. 섬을 탈출하기 위해 아버지가 만들어 준 날개를 달고 하늘을 날다 떨어져 죽었지만, 인류는 계속해서 더 높은 곳을 꿈꾼다.

초고층 빌딩의 건설 열풍은 경제 위기를 예고한다는 "마천루의 저주(마천루 지수)"라는 말이 있다. 분석가 앤드루 로런스가 100년간의 사례를 분석해 내 놓은 가설이다. 그러나 따져 보면 천문학적인 비용이 들어가는 초고층 건축물은 보통 경제가 호황기일 때 기획되고, 완공될 때까지 수년이 걸리고, 그사이 경제가 불황기로 접어들 가능성이 생긴다. 즉, 저주라기보다는 통계에 의한 상식적인 판단이다.

현대사회는 도시에 인구는 많고 이용할 땅은 좁기 때문에 효율성 높은 초고층 건물이 나타날 수밖에 없다. 한편 고대 이집트나 메소포타미아의 피라미드를 생각하면 규모 면에서 거대해 당시의 사회적 상황으로 보면 쉽지 않은 건축이었음을 떠올리자. 이렇듯 인류는 매번 새로움과 놀라움의 역사를 쓰는 중이다.

서양 사회, 세계사의 시작과 건축

자연에서 답을 찾다 :
아르누보에서 탈근대주의까지

식물적 모티브, 아르누보 양식

아르누보는 '새로운 미술'이라는 뜻으로 19세기 말 유럽에서 일어난 특수한 예술 경향을 의미한다. 기존의 그리스나 로마의 전통적인 고전주의 방식에서 탈피하기 위해 과거가 아닌 자연에서 새로움을 추구한 도전이다. 순수미술보다는 주로 공예나 건축 같은 응용미술에서 두드러진다. 스페인 건축가 안토니 가우디도 아르누보의 영향을 강하게 받았다.

아르누보는 20세기 산업화로 사회의 질서가 급변하던 시대에 당시 등장한 혁신적인 모더니즘에 의해 사라지게 된다. 이전 시대에 비하면 새로운 미술이었지만, 과거와 단절하고자 했던 모더니즘에 비하면 아르누보 역시 기존의 양식이 된 것이다. 모더니즘은 이성적이며 효율적인 산업화 시대의 요청이었으나 인간소외라는 문제가 나타나 또 다른 변화가 필요해진다. 1960년에 일어난 탈근대주

의 또는 포스트모더니즘은 일반적으로 모더니즘에서 벗어나고자
하는 총체적 운동이다. 이러한 변화의 중심에 장식을 배제한 기하
학적 형식의 건축에서 벗어나 자유로운 형태와 공간의 건축이 나타
난다.

스페인 사그라다 파밀리아 성당

'성 가족 성당'이라고도 불리는 사그라다 파밀리아 성당은 스페
인 바르셀로나에 현재 공사 중인 건축물이다. 로마가톨릭 성당인
이곳은 1882년 비야르가 시작했다가 1883년 사임 후, 안토니 가우
디가 설계하고 책임졌다. 가우디는 자신의 남은 생애를 프로젝트

● 사그라다 파밀리아 성당.

서양 사회, 세계사의 시작과 건축

에 집중했고, 1926년 사망할 때까지 성당의 25%를 지었다. 이후 기부금에 의존해서 천천히 건축되다가 1935년 스페인 남북 전쟁으로 중단되었다. 제2차 세계대전 후 공사가 재개되었고, 2010년 중반 컴퓨터를 설계에 본격적으로 도입하면서 가속화되었다. 2012년에는 조르디 파울리가 사그라다 파밀리아 성당의 수석 건축가로 취임했다. 2010년 11월 7일 교황 베네딕토 16세에 의해 봉헌되었고, 최근 가우디 서거 100주년인 2026년에 완공될 것으로 발표했다.

가우디는 건축과 장식의 구성 요소, 조형미와 아름다움, 기능과 형태, 외부와 내부 사이에서 완벽한 조화를 추구했고, 카탈루냐 지방의 건축적 전통을 충실히 계승했다. 그의 많은 건축물에서 카탈루냐 지방에서 볼 수 있는 타일 공예를 사용한 것이 대표적이다. 성

● 구엘 공원.

당의 외부 장식 등도 카탈루냐의 전통적인 고딕 건축 양식에서 따온 것이다. 사그라다 파밀리아 성당은 고딕 건축 양식과 아르누보 양식을 결합한 '카탈루냐 모더니즘'으로 지어진 최고의 대표작으로 꼽힌다. 지하 예배당과 성당의 내부 일부는 네오 고딕 양식으로 만들었고, 나머지 부분은 자연의 형태를 모방해서 지었다. 성당의 내부는 나무처럼 기울어진 나선형의 기둥으로 인해 숲을 닮았는데, 간단하고 튼튼한 구조를 가진다. 가우디는 이처럼 특이한 형태의 건축 기법을 '구엘 공원' 등 본인의 건축에서 검증한 후 사그라다 파밀리아 성당을 지을 때 사용해 조형미와 외형적인 아름다움을 모두 갖춘 완벽한 건축물로 만들었다.

사그라다 파밀리아 성당은 완성된 도면에 따르면 중앙에 세워지는 170m의 가장 큰 탑은 예수 그리스도를, 탑과 탑을 이어주는 돔

● 1915년의 사그라다 파밀리아 성당 모습.

서양 사회, 세계사의 시작과 건축

은 성모 마리아를 상징한다. 중앙의 예수 첨탑을 둘러싸는 별도의 돔 4개는 4명의 복음사가인 마태, 마가, 누가, 요한을 나타낸다. 높이 100m 남짓한 탑 12개도 들어서는데 이는 예수의 12사도(예수가 복음을 전파하기 위해 선택한 12명의 제자)를 상징한다.

성당 정면에 있는 원통형 첨탑 12개는 마치 거대한 옥수수가 하늘로 치솟은 것처럼 보이는데, 주변에 고층 건물이 없어서 원래보다 더 높아 보인다. 탑은 안팎이 뚫려 있고 내부에는 종이 설치돼 있는데, 종소리가 도시 전체에 퍼지도록 의도한 것이다.

오스트리아 훈데르트바서 하우스

스페인에 가우디가 있다면, 오스트리아에는 훈데르트바서라는 독특한 현대건축가가 있다. 본명은 프리덴슈라이히 스토바서였으나 '평화롭고 풍요로운 곳에 흐르는 100개의 강'이라는 뜻의 훈데르트바서로 개명했다. 그는 이름처럼 예술가이자 환경운동가로 자연, 인간, 건축이 함께 숨 쉬는 세상을 꿈꾸며 활동했다.

그의 대표작인 '훈데르트바서 하우스'는 1985년에 완성된 주택으로 오스트리아의 수도 빈에 있다. 빈에는 정적이고 직선 형태인 무채색의 건물이 많은데 그와는 대조적인 모습이다. 곡선과 다양한 재료, 알록달록한 건물 외관, 서로 다른 크기의 창문, 여러 식물 등으로 강한 개성을 나타낸다. 훈데르트바서는 합리와 효율만을 생각

● 훈데르트바서 하우스.

하는 상자 같은 단조로운 건물에서 벗어나, 사람의 몸을 덮는 옷처럼 개성과 꿈을 표현하는 건물을 세우고자 했다. 물의 흐름을 떠올리며 부드러운 곡선을 표현했고, 친환경 재료를 사용했다. 또 한 가지 놀라운 점은 훈데르트바서 하우스는 빈 시가 운영하는 공공주택이라는 사실이다. 빈의 건축 디자인 공모전에서 채택돼 탄생한 것으로 도시의 대단위 주택 단지나 아파트처럼 똑같이 찍어낸 건물에서 드러낼 수 없는 개성을 표현하고자 했다. 훈데르트바서 하우스의 세입자 계약서에는 "한 사람이 창에서 팔을 뻗쳐 닿는 범위는 개인의 공간이며, 그 공간만큼은 세입자가 원하는 대로 꾸밀 수 있다"고 적혀 있다.

빈에는 훈데르트바서가 만든 미술관 '쿤스트하우스' 외에도 '슈

서양 사회, 세계사의 시작과 건축

● 슈피텔라우 쓰레기 소각장.

피텔라우 쓰레기 소각장'도 볼 수 있다. 슈피텔라우 쓰레기 소각장은 "양파"라는 별명의 황금색 돔이 상징이다. 훈데르트바서는 처음에 쓰레기 소각장이 환경 파괴 시설이라고 생각해 개조에 반감이 있었으나, 분리수거를 해도 소각장이 필요하고, 첨단 시설을 이용하면 환경오염을 최소화할 수 있다고 판단해 설계를 수락한다. 이를 통해 빈의 6만여 가구에 난방을 공급할 수 있게 되었다. 슈피텔라우 쓰레기 소각장은 뛰어난 외관과 함께 최첨단 기술을 보유해분진이나 유해가스의 제거 기능도 더해진 초현실주의 작품으로 재탄생했다.

2장

동양 사회,
자연과 발맞추는 건축

서양 문명이 고대 이집트와 서아시아의 영향 아래 그리스와 로마의 유럽 대륙을 중심으로 발전했다면, 동양 사회는 서로 다른 고대 문명의 발상지가 독자적으로 발전했다. 아시아 문명은 7세기 이후 유교와 불교의 동아시아, 불교와 힌두의 남아시아, 이슬람의 서아시아까지 3대 문화권으로 나뉘었다. 이들은 끊임없는 문물의 교류를 통해 서로의 발전에 큰 영향을 주고받았고 고대 문명의 파괴 없이 지속적인 성장을 계속했다.

아시아 여러 문화권의 교류는 지리·종교적 특성이 결합하면서 주변으로 확장되었다. 동아시아 문화권은 지리적으로 중국, 만주, 몽골, 한국, 일본, 베트남 북부 지역이며 공통 요소는 문자 한자, 종교인 유교와 불교, 그리고 정치 사회적 특성인 황제를 섬기는 관료적 지배 체제 등이다.

남아시아 문화권은 인도를 중심으로 성립되었는데 불교, 힌두교, 이슬람교가 융합된 종교 문화의 영향으로 다른 문화권보다 내세관이 강하다.

서아시아 문화권은 중동 소아시아, 이란, 아라비아 지역으로 이들은 동방의 전통 위에 그리스와 비잔틴제국의 문화를 융합해 동서로 문화적 교류를 했고, 중세 봉건 유럽에 자연과학을 전파해 유럽의 과학 발달에 공헌하기도 했다.

동양 문명은 각 지역적 특성이 강한 탓에 건축도 매우 다양하게 나타난다. 서양 건축은 지역적 특성보다는 시대적 특성이 먼저 나타나고, 이후 지역에 퍼지면서 다양성이 보인다. 그러나 동양은 아시아 대륙이 열대에서 한대 지방까지 펼쳐진 광범위한 지리에 정치와 종교적 특성까지 합쳐져 독특하고 다양한 양식이 펼쳐진다.

한국의 전통 건축은 목재를 중심으로 한 각 요소가 결합해 하나의 건축을 만들어 내는 '가구식 구조'로 중국과 일본 등 동아시아 지역의 건축과도 비슷하다. 가구식 구조는 남아시아에서도 사용되지만, 기후와 문화의 차이로 동아시아 건축과는 다른 모양을 보인다.

그러므로 동양의 건축을 통해 살펴보는 세계사는 서양 역사를 이해하는 방법과는 조금 다를 수밖에 없다. 여기에서는 기본적으로 동양 사회를 크게 중국, 인도차이나(지금의 베트남, 라오스, 캄보디아), 인도까지 세 지역으로 나누고 건축을 통해 각 지역의 특성을 살펴보려고 한다.

이슬람 문화와 건축도 매우 중요한 동양의 건축이지만 서양과의 관계로 이해해야 하는 부분이 커서 일부는 서양 건축과 연결해서 풀어볼 셈이다. 그리고 한국의 전통 건축과 서양의 근현대 건축의 영향에 따른 역사적 변화도 짚어 본다.

중국의 사상 :
하늘은 둥글고 땅은 모나다

동양의 고대 문명은 중국과 인도 지역을 중심으로 나타난다. 고대 중국은 유럽 못지않은 긴 역사와 함께 넓은 대륙만큼이나 다양하고 복잡한 문명을 가지고 있다. 중국은 몽골고원과 내륙 아시아 여러 유목민족의 침략과 지배에 시달리며 분열과 통일을 거듭했다. 그러면서도 동아시아 문화의 중심적 역할을 잃지 않았다.

중국은 남쪽 지방의 본격적인 개발과 높아진 경제력으로 이전보다 더 개방적으로 문화를 수용했다.

한편 동아시아에도 중국의 전통문화가 전파돼 주변 민족의 다양하고 독특한 특색과 조화되어 더욱 풍부한 문화를 가지게 되었다. 중국 건축은 도교와 유교를 바탕으로 한 천원지방(하늘은 둥글고 땅은 네모남)의 개념이 특징이고, 이러한 전통 사상의 대표적 건축물이 '천단'이다.

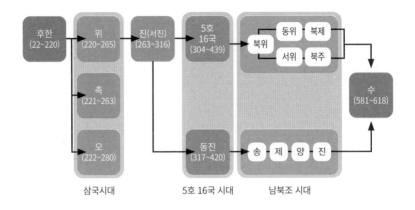

후한 (22~220)	위 (220~265)	진(서진) (263~316)	5호 16국 (304~439)	북위	동위 · 북제
					서위 · 북주
	촉 (221~263)				수 (581~618)
	오 (222~280)		동진 (317~420)	송 · 제 · 양 · 진	

삼국시대   5호 16국 시대   남북조 시대

● 위진남북조 시대의 중국.

중국의 시대적 변천

중국은 3세기 초부터 중원을 지배했던 후한의 붕괴로 위, 촉, 오 삼국으로 나뉘고 265년에 위나라의 사마영이 세운 나라인 서진에 의해 통일된다. 그러다 5호 16국(정권을 수립한 5개 민족과 그 수도 16개국)이 등장했고, 서진은 도읍을 남쪽으로 옮겨 동진을 건국한다.

420~589년까지는 남북조 시대로 5호 16국은 서로 싸우다가 '북조(북위, 서위, 동위, 북제, 북주의 다섯 왕조)'로 분열되었고, 동진은 차례로 송, 제, 양, 진나라로 통일된다. 이 4개 왕조를 '남조'라 부른다.

이후 북조는 북방 유목민족인 탁발규가 '북위'로 통일했으나, 다시 동위, 서위로 분열해 동위는 '북제'로 서위는 '북주'가 된다.

남북조 시대는 유교 중심의 정치를 했으며, 북조에는 유목 문화

● 중국 베이징에 있는 세계에서 가장 큰 궁궐 자금성.

가 중국 문화와 함께 어우러졌으며, 국가의 보호 아래 불교가 발전한다. 남조는 귀족을 중심으로 한 화려한 문화가 특징이며, 불교와 노자와 장자의 사상이 발달했다.

이후 위진남북조 시대를 지나 581년에 북주의 양견이 수나라를 세우고, 589년 진나라를 합쳐 중국을 통일했다. 그러나 지나친 토목 사업과 고구려 원정 실패로 각지에서 반란이 발생해, 618년에 당나라에 의해 멸망한다. 당나라는 운하의 건설로 도시와 대외무역이 발달했으며, 통일신라, 베트남, 일본, 발해 등 동아시아로 문화를 전파했다.

당나라가 무너지고 중국에는 무려 15개의 나라가 세워진다. 가장 힘이 센 나라였던 후주는 송나라를 세웠다. 이때 서민(벼슬이 없는 몰락 양반이나 사회적인 특권을 갖고 있지 않은 보통 사람) 사회가 나타나기도 해, 중국은 중세에서 근세로 전환된다. 귀족정치에서 중앙집권적 문치주의(학문과 법령에 따라 정치를 펴는 태도)로 사회가 안정되고, 황제가 직접 통치에 관여하는 독재 체제가 이루어졌다. 960~1279년까지 도시 중심의 서민 문화, 복고·민족적 문화, 성리학의 발달이 특징이다.

12세기 후반, 송나라의 땅을 반쪽이나 가지고 있던 금나라는 몽골족이라는 강력한 적을 만난다. 이들은 활발한 정복 사업으로 서남아시아와 유럽에 이르는 대제국을 세웠고, 한편 중국 땅에 원나라를 따로 세워 1271~1368년까지 번영을 누렸다. 그러다 왕위 계승과 관련된 내분이 발생하고, 지나친 종교 행사로 재정은 궁핍해지고, 과중한 세금 징수로 인해 결국 멸망해 1368년 명나라가 건국된다. 원나라는 여러 나라의 문화를 수용하면서 특히 송나라의 문화를 계승했으며, 서민적인 구어체 문학이 발달한 것이 특징이다.

1368년 1월 23일 명나라가 건국된 때부터 1912년 2월 12일 청나라가 멸망하기까지 총 544년 19일의 기간을 명청 시대라고 한다. 중국 역사에서는 근세에서 근대 초기를 아우르는 때다. 명나라는 한족 국가, 청나라는 만주족의 국가였다. 명나라는 200년 가까운 시간 동안 안정적으로 나라를 통치했다. 이후 청나라의 300년이라는 긴 세월을 거친 후 비로소 한족과 만주족은 하나의 국민으로 어울리게 되었다. 명청 시대에 만들어진 문화는 현재의 중국으로 이어진다.

황제의 제례 제단, 천단

중국은 긴 역사만큼이나 각 시대를 대표하는 건축물이 많다. 그중에서도 중국의 사상을 대표하는 건축물은 단연 천단이다. 천단은 베이징 남동쪽에 있는 건축물로 명과 청 왕조 때 황제들이 하늘에 제사를 지내고 풍작을 기원하던 장소다. 명나라 영락제 때인 1420년 완공되었으며, 현재 중국에 보존된 가장 큰 고대 제사용 건축이다. 역대 황제들은 제사를 지내는 것을 황권 통치를 유지하는 중요한 활동으로 여기며 여기에 대량의 인력, 물력, 재력을 동원했다.

천단은 '원구'와 '기곡'으로 불리는 2개 단의 이름이다. 원구단은 남쪽에, 기곡단은 북쪽에 있다. 기곡단 중심에 있는 '기년전'은 황제가 풍작을 기원하던 장소다. 멀리서 보면 둥근 모양의 3층 건물로 보이는데, 지붕에는 남색 유리 기와를 얹고 최상층에는 남색 바탕에 황금색으로 쓴 편액(종이, 비단, 널빤지 등에 글이나 그림을 넣어 걸어 놓는 액자)을 걸었다. 대청 안에는 황금빛 녹나무로 만든 28개의 기둥이 있다. 가장 안에 있는 4개 기둥은 1년 사계절을, 가운데 12개 기둥은 12달을, 밖에 있는 12개 기둥은 12시진(시간)을, 안팎

● 천단의 기년전.

　　　　　　　　동양 사회, 자연과 발맞추는 건축

에 있는 24대 추녀(네모지고 끝이 번쩍 들린, 처마의 네 귀에 있는 큰 서까래)는 24절기를 뜻한다. 기곡단의 남쪽, 그러니까 원구와 가까이 있는 황궁우는 신주(죽은 사람의 위패)를 모시는 곳이다. 평상시에는 신주를 황궁우에 두었다가 제사를 지낼 때면 원구단이나 기곡단으로 옮겼다.

천단(天壇)은 원형, 북쪽에 세워진 지단(地)은 사각형 모양인데 이는 둥근 하늘과 각진 땅을 나타내기도 하지만, 이들의 성질을 추상화해 하늘의 도(天道)는 둥글고 땅의 도(地道)는 각지다는 것으로도 해석된다. 서양의 지구 구형론(땅은 평평하지 않고 공처럼 둥글다)과는 반대인 셈이다.

동양과 서양의 만남 :
인도·이슬람 건축

    고대 인더스 문명의 발상지이자 역사적인 무역로였으며 거대한 제국이었던 인도는 힌두교, 불교, 자이나교, 시크교까지 무려 4개 종교의 발상지이다. 여기에 조로아스터교, 기독교, 이슬람교 등이 인도에 영향을 미쳐 다양한 종교 문화를 만들었다. 인도에서 가장 중요한 종교는 힌두교인데 여러 분파로 나뉘어 있다. 주요한 신들로는 창조의 신 브라마, 질서의 신 비슈누, 파괴의 신 시바 등이 있다. 힌두교는 이후에 발생한 불교에도 큰 영향을 주었다.

    인도 사회는 내세적 문화가 강해 종교가 현실 생활을 지배했다. 지리적으로 유목민족의 침입이 잦아서 정치적으로 불안정하고 그로 인해 왕조의 존속 기간이 짧았다. 18세기 초부터는 서서히 영국 동인도회사(17세기에 유럽 각국이 인도, 동남아시아와 무역하기 위해 세운 독점 회사)의 관리하에 들어가기 시작했으며, 19세기 중반 영국의 직접적인 지배를 받게 되지만, 간디 주도의 비폭력주의 운동으로 1947년 독립하게 된다.

세상의 모든 종교가 모인 곳

인도의 문명은 기원전 2500년경 인더스강 유역에서 발생한 인더스 문명에서 시작되었다. 그러다 기원전 1200~1500년경 인도아리아인(오늘날 인도인의 선조)들이 이란 고원을 넘어 인도에 정착해 도시를 건설하며 베다 문명을 시작했다. 이 시기 브라만교가 탄생했고 산스크리트어가 발전해 인도의 공용어로 사용되었다.

이후 마우리아 왕조가 고대 인도를 통일하면서 대제국으로 확장되었다. 마우리아 제국 붕괴 이후 수많은 작은 왕국들이 여기저기에 생겼고, 굽타 왕조 이후 불교와 힌두교가 발전하면서 인도 고유의 고전 문화가 성숙하게 된다. 이 문화는 동아시아와 서아시아에도 많은 영향을 주었으며, 특히 동남아시아는 이 영향을 받아 인도 문화권에 속해진다.

인도를 향한 이슬람교도의 지배는 1000년경부터 시작되었다. 이들은 14세기 초 세력을 확장하고 무슬림 왕국을 세워 통치했다. 한편 1498년, 포르투갈의 항해자 '바스코 다 가마'의 인도 여행을 기점으로 포르투갈인들이 상륙해 인도와 유럽 사이의 무역을 독점한다.

16세기 초, 인도 북부 지역은 우월한 기동성과 화력을 기반으로 한 중앙아시아 전사들에게 점령당했다. 이후 인도를 통치한 무굴제국은 토착 엘리트 층을 받아들여 지배 구조를 더 안정적으로 만들었다. 이 외에도 이슬람교를 전국에 퍼뜨리고, 부족 간 갈등을 완화했으며, 황제를 신성화했고, 페르시아와 인도의 고유한 문화를 결합해 더욱 발전시켰다. 17세기, 무굴제국의 통치 아래 인도는 안정기를 되찾았으며 경제 성장 역시 계속됐다.

그러다 18세기 들어 점차 제국이 쇠퇴기에 들자, 독립적인 세력들이 나타나 자치적으로 통치하기 시작한다. 인도의 경제와 정치는 혼란에 빠졌고, 인도를 식민지화하려는 정치적 성격을 가진 영국 동인도회사와 같은 유럽의 무역 업체들이 진출해 인도의 경제를 차츰 잠식해 나갔다. 동인도회사는 1765년 벵갈 지역에 대한 통치권을 얻었으며, 다른 유럽 나라들의 인도 진출을 막아 독점적인 지배권을 가지게 되었고, 1820년대에는 인도 대부분 지역을 통치한다.

제1, 2차 세계대전 후 인도는 독립에 성공한다. 그 과정에서 힌두교도 중심의 인도 지방과 이슬람교 중심의 파키스탄 지방 간에 불화가 일어나 결국 인도와 파키스탄, 2개의 국가로 나뉘어 독립하게 된다. 1971년, 파키스탄과 국경 2곳에서 전쟁이 벌어졌으며 그 결과 동(東)파키스탄이 방글라데시로 독립했다.

인도 건축를 대표하는 힌두교 사원

인도의 문화는 4,500년이라는 오랜 세월을 거치며 발전해 왔다. 기원전 1700년경부터 시작된 베다 문명에 현대 힌두 문학, 신화, 세계관, 철학 등의 기초가 놓였으며, 이때 시작된 다르마(부처님의 법), 카르마(현재와 전생에 걸친 말과 동작과 생각) 같은 사상과 요가 등은

158

오늘날까지 전해져 내려온다.

　인도를 대표하는 건축물은 힌두교 사원으로 주로 고대 힌두 예술 문헌을 본떠 지은 것들이다. 카일라사 사원은 크리슈나 1세 통치 아래 착공된 건물로, 엘로라 석굴에 있는 바위를 깎아 만든 암석 사원이다. 힌두교 사원 중 가장 큰 규모이다. 약 100년에 걸쳐 완성된 이 건물은 거대하고 정교하며, 마치 바위 언덕이 물결 치는 듯해 보인다. 이곳에는 불교, 힌두교, 자이나교를 합친 34개의 석굴암이 있고 그 내부에는 많은 조각들이 있다.

　브리하디스와라 사원은 1010년경 촐라 제국에 의해 세워진 대표적인 드라비다(16세기 인도에서 출현한 힌두교 사원의 건축양식) 힌두교 사원이다. 이곳은 시바 신에게 바치는 사원으로 당시의 권력과 부를 상징하기도 한다.

●카일라사 사원.

● 브리하디스와라 사원.

인도에서는 외적인 조형미 외에 내적인 건축 방식도 중요한데 지역마다 특색이 있어 모두 다르다. 기하학과 도형학, 우주의 원리를 건축에 적용한 것이 특징이며, 자연과 인간의 조화를 추구하는 점에서는 동아시아의 건축과도 비슷하다.

궁전 형식의 묘지, 타지마할

타지마할은 인도 아그라 지역에 있는 마지막 이슬람 제국인 무굴 제국의 대표적 건축물이다. 황제 샤 자한이 총애하던 왕비 뭄타즈 마할이 죽자 이를 기리기 위해 지은 것으로 1632년부터 완공까지 22년이 걸렸다. 건설은 대부분 1643년에 마무리되었으나, 추가적인 보조 작업이 약 10년 동안 진행돼 1653년에 지금의 모습으로 완성됐다. 총 17헥타르에 달하는 거대한 궁전 형식의 묘지이며, 그 안에 응접실과 모스크 등이 별도로 있다. 타지마할은 페르시아, 튀르키예, 인도, 이슬람의 건축양식이 잘 조합된 무굴 건축의 가장 훌륭한 예이다. 전체적인 구조는 티무르 왕조(1369~1508년 중앙아시아를 지배하던 왕조) 시대의 건축양식을 좇은 것으로, 특히 우즈베키스탄 사마르칸트에 있는 티무르 왕과 그의 아들, 손자의 묘인 '구르 아미르'와 상당히 유사하다는 평을 듣는다.

　타지마할에서 가장 눈에 띄는 건축 요소는 돔이다. 약 35m의 높이로, 7m 높이의 원통형 기초 위에 세워져 있어 더 높아 보이는 효과를 지닌다. 가운데가 볼록하고 위쪽으로 갈수록 유선형으로 휘어지는 독특한 형태이다. 돔 꼭대기에는 연꽃무늬가 새겨져 있는데 한층 더 곡선이 아름다워 보인다. 1개의 주 돔과 4개의 보조 돔이 세워져 있고 모두 같은 형태의 모습이다. 4개의 보조 돔은 기둥들이 받치고 있는데, 돔 아래 바닥이 뚫린 구조이기 때문에 빛이 기둥들 사이를 통과해 타지마할 내부를 비춘다.
　돔의 맨 꼭대기에는 힌두와 페르시아 양식이 혼합된 길쭉한 첨탑인 미나레트가 자리해 있다. 주위 4개의 미나레트는 각각 40m의 높이이며, 완벽한 대칭을 이룬다. 단순한 장식용이 아니라 이곳에서 소리로 무슬림들에게 기도할 시간을 알려 주었다. 미나레트의 맨 위에는 연꽃무늬와 함께 이슬람의 상징인 휘어진 초승달 모양의 장

타지마할.

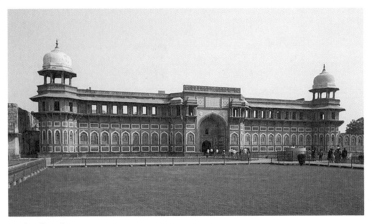

● 아그라 요새.

식물이 있다. 모든 미나레트는 혹시 모를 붕괴가 발생했을 때 건물에 피해가 가지 않도록 미세하게 바깥쪽을 향한다.

타지마할 북서쪽 야무나 강변을 따라 2.5km 떨어진 곳에는 아그라 요새가 있다. 무굴제국의 수도를 델리에서 아그라로 이전하면서 3대 황제였던 악바르 대제가 만들었다. 건축에 남다른 애정과 재능을 보였던 그의 손자 샤 자한 시대에 성으로 개조되면서 더욱 발전했다.

동남아시아의 전성기 :
불교 건축

동남아시아 사회의 변천

동남아시아는 인도, 서남아시아, 유럽, 동북아시아를 연결하는 징검다리 역할을 하며 문화적 다양성을 보인다. 동남아시아는 크게 본토인 '대륙부'와 섬과 반도로 구성된 '도서부(크고 작은 온갖 섬 지역)'로 구분된다.

대륙부는 베트남, 캄보디아, 라오스, 태국, 미얀마를 포함하는 불교 문화권에 속한다. 이 지역의 북부는 히말라야산맥의 연장선으로, 뻗은 산맥들로 인해 중국과 나눠지며 국가 간의 자연적인 경계를 이룬다. 북쪽에서 남쪽으로 흐르는 큰 강은 중·하류가 벼농사 발달 지역의 주요 정착지가 되는 데 큰 역할을 했다.

도서부는 말레이시아, 싱가포르, 브루나이, 인도네시아, 필리핀을 포함하며 이슬람의 영향이 지배적이다. 이 지역은 주로 해상 활동을 하는데, 기후가 농업과 해상 활동에 지대한 영향을 미친다. 서남 계절풍이 5~10월 초까지 동북부 방향으로 불며 태풍으로 발전하기도 한다.

동남아시아의 인도화

동남아시아 고유의 문화는 인도나 중국 등 외래문화가 들어오기 이전부터 존재했다. 그러나 동남아시아 고대 왕국의 건설과 발전에 이바지한 것은 중국과 인도의 문화였다. 14세기까지 인도 문화의 영향 아래에 있었고, 특히 베트남은 중국 문화의 영향을 받았다.

인도 문화는 베트남 북부와 도서부 일부를 제외한 동남아시아의 나머지 지역에 언어, 문자, 종교, 예술, 문학, 정치, 기술 등 광범위한 분야에 걸쳐 영향을 미쳐서 동남아시아의 '인도화'라는 개념이 등

간단하게 살펴보는 동남아시아의 역사

베트남은 한나라 제7대 황제인 '한무제' 정복 후, 10~15세기까지 다양한 왕조가 설립되었다. 캄보디아는 힌두교 문화의 영향을 받은 크메르족이 건국했고, 이후 앙코르 왕조(802~1434)가 설립되었다. 태국은 최초의 타이족 왕조인 수코타이 왕조(1257~1438) 이후 아유타야 왕조(1350~1767) 때 소승불교가 유행했고, 태국의 전 영토를 통일했다. 미얀마는 파간 왕조(1044~1287)가 최초의 통일 국가를 만들었으며, 소승불교가 주요 종교였고, 원에게 멸망당했다. 인도네시아는 칼링가 왕조(5세기), 사이렌드라 왕조(752~832) 이후 힌두교의 마자파히트 왕조(1293~1513)가 지배했다.

● 캄보디아의 대표 유적지 앙코르 와트.

장하기도 한다.

인도화 이후 유럽인들이 진출하기 전까지 동남아시아에는 이슬람이 전파됐다. 이슬람은 13세기 말 수마트라 섬에 정착한 이후, 16세기까지 말레이반도 남부와 자바 섬, 보르네오 섬, 인도네시아 동부의 여러 섬과 필리핀으로까지 퍼져 나갔다.

향신료 산지이자 무역로였던 동남아시아는 유럽의 집중적인 관심과 진출의 대상이 되면서 식민 지배를 받기도 했다. 1498년 바스코 다 가마가 동인도로 향하는 항로를 개척한 이후 포르투갈인들은 무슬림 상인들보다 월등한 항해 기술과 전투력으로 동남아시아 시장의 진입로를 열었다. 여기에 16~19세기 초까지 다양한 유럽 국가들이 이곳에 진출하며 근대 역사가 시작됐다.

이 시기 원주민들과 유럽인들 간의 관계에 관한 역사는 대륙부와

● 인도네시아 보로부두르 사원.

도서부에서 각기 다르게 전개됐다. 대륙부에서는 토착민(대대로 그 땅에 사는 백성) 중 지배계급의 엘리트들이 기존의 정치·경제적 양식에 따라 사회 흐름을 주도해 나갔으며, 일반 백성 사이에서는 농업, 특히 쌀농사를 중심으로 하는 일상생활의 전통이 여전히 지속되고 있었다. 도서부에서는 유럽인들과의 이해관계(이익과 손해가 걸린 사이)가 원주민들의 경제에 심각한 악영향을 미치고 전통적인 정치 구조를 변화시키기까지 했다. 외형적으로는 번영하고 있으나 내부적인 빈곤이라는 모순이 생겼다. 서구의 식민주의로 전통적인 공간은 상업화되고 도시화되었다. 동남아시아 도시들은 정치, 경제, 문화의 중심지에서 시장과 무역의 장소로 변했다.

제2차 세계대전 시기 일본도 동남아시아에 진출했는데 정치적인 의도 외에 실질적인 경제적 이유 때문이었다. 동남아시아에 대한 일본의 군사적 지배는 수십 년에서 수백 년에 걸친 백인 통치도 붕괴할 수 있음을 보여 주었고, 세계대전 후 동남아시아 국가들에서 전개된 독립 운동에 활기를 불어넣었다.

식민주의가 동남아시아에 남긴 것들

식민주의는 동남아시아의 전통적인 정치체제에 변화를 가져왔다. 인프라 건설로 도로·병원 등을 통해 농업 중심이었던 지역을 도시·상업화했다. 여기에 서양 기술과 사상, 학문의 보급과 근대적인 교육을 도입하기도 했다. 한편 동남아시아는 민족주의 운동(민족의 독립과 통일을 가장 중시하는 사상)을 일으켰다. 각 국가들은 해당 민족의 종교, 지도자의 이념 등에 따라 다양하게 저항했고, 제2차 세계대전 후 결국 독립 국가를 건설한다. 베트남과 인도네시아는 무장 투쟁을 통해 독립을 추구한 데 비해 다른 지역들의 독립 과정은 과격하지 않았다. 동남아시아 국가들은 대부분 독립 이후 종족, 지역, 종교 갈등을 겪는데 문제가 서로 연결돼 있는 경우가 많다.

식민 시대가 끝난 후 동남아시아 국가들은 냉전체제(제2차 세계대전 이후 미국과 소련을 중심으로 한 자본주의와 공산주의의 대립)에 따라 공산주의, 중립주의, 자본주의로 나뉘었다. 동남아시아의 신생 독립국들과 태국은, 개인의 모든 활동은 민족이나 국가와 같은 전체의 발전을 위해서만 존재해야 한다는 전체주의 혹은 권위주의적인 정치 형태를 보인다. 이런 모습은 1975년 공산화 이후의 베트남과 라오스, 캄보디아에서도 뚜렷이 나타났다. 이들은 대부분 정치 안정을 바탕으로 빠른 경제 성장을 추구하며 기존에 외국으로부터 수입하던 상품을 국내에서 직접 생산해 자급하는 수입대체산업을 집중적으로 육성했다.

현대 동남아시아의 형성에 중요한 역할을 한 민족주의는 독립 후에도 대외 정책, 국내 정치, 경제에 중대한 영향을 주었다. 자기 민족만 중심에 두는 동남아시아의 사상은 다른 민족과 문화에 대한 비관용적이고 배타적이며 심지어 침략적인 에너지를 발산하기도 했다. 자국의 역사와 문화에 대한 강한 자긍심이 강하게 깔려 있기 때문으로 보인다.

인구의 대부분이 신을 믿는 종교 국가

동남아시아의 정치, 사회, 문화를 이해하기 위해서는 종교를 먼저 이해해야 한다. 이들 대부분 나라는 인구의 다수가 하나의 특정 종교를 믿는다. 태국, 캄보디아, 미얀마는 인구의 90% 이상이 불교를, 인도네시아는 인구의 80% 이상이 이슬람교를 믿는다. 말레이시아의 다수 민족인 말레이인은 거의 100% 이슬람교를 믿는다. 필

● 인도의 스투파.　　　　　　● 미얀마의 고대 도시 바간.

리핀은 인구의 83%가 가톨릭 신자이고, 동티모르 또한 가톨릭 인구 비율이 90%에 달한다.

스투파의 도시 바간

'스투파'는 동남아시아 불교 건축의 대표적인 상징물로 둥근 반원형의 탑을 말한다. 유골을 매장하는 묘인데 훗날 석가모니로 불리는 싯다르타의 사리(성자의 유골)를 모시기 위해 지어진 것이 기원이다. 히말라야에서 태어난 왕자 싯다르타는 불평등한 계급제도의 모순과 인간이 갖는 고뇌로부터의 해탈과 자비 등을 사색하다 해결책을 얻은 후, 갠지스 강 유역의 농촌과 도시에 포교한 것으로 유명하다.

미얀마의 고대 도시 '바간'은 수많은 불탑과 사원이 자리한 불교 유적지이다. 이곳에서는 탑을 파고다라 부른다. 바간 왕국 전성기인 11~13세기에는 도시의 불교 건축물이 무려 4,500여 개로 알려진다. 이곳은 에야와디 강이 도시의 북쪽에서 서쪽으로 흐르며 비옥한 평야를 품고 있다. 현재 바간 고고학 유적지에는 약 67km² 규모의 3,000여 개 유적이 남아 있다.

보리수 사원 왓 포와 새벽 사원 왓 아룬

'왓 포'는 태국 방콕에 있는 불교 사원으로 와불(누워 있는 형태의 불상)이 있어 와불사라고도 불린다. 16세기에 만들어진 곳으로, 방콕에서 가장 오래된 동시에 최대 규모이다. 사원은 예배를 하는 곳과 스님들이 거주하는 곳으로 나뉜다.

왓 포가 현재의 모습을 갖춘 것은 라마 1세 때로, 왕실의 전폭적인 지지 아래 증축되었다. 후에 라마 3세 때 사원의 복원을 하게 되는데, 이 작업을 통해 남쪽 구역과 거대한 와불상이 있는 서쪽 구역

●왓 포 입구.

●왓 아룬.

을 확장했다. 또한 미사카완 공원, 도서관 프라 몬돕, 수행하는 장소들을 만들었다. 왕실의 후원을 바탕으로 개방대학(일반 대학과 달리 교육의 시기, 대상, 장소, 교육 방법 등에 제약 없이 운영되는 곳)의 기능도 갖추어 석판, 벽화, 조각 등으로 교재를 만들어 의학, 점성학, 식물학, 역사 등 다양한 학문을 교육했다. 태국 최초의 대학이었으며 자유로운 분위기에서 학문 수행이 가능했다.

톤부리 왕조의 탁신 왕이 건설한 사원 '왓 아룬'은 왓 포에서 짜오프라야 강을 건넌 톤부리에 위치한다. '새벽의 사원'이라는 뜻으로, 새벽의 햇빛을 받으면 탑의 도자기 장식이 형형색색을 띠며 빛나 강 건너편까지 비추어서 이런 이름이 붙었다.

사원 안에는 높이 약 30m의 탑 4개가 사방으로 배치돼 있고, 그 중앙에 크기 74m, 둘레 234m의 큰 탑이 솟아 있다. 큰 탑 내부에는 힌두교의 상징인 코끼리 신 에라완과 신들의 왕 인드라의 상이 있다. 석가모니의 일생을 나타내는 4개의 불상도 인상적이다. 10밧짜리 동전에 등장할 정도로 태국 국민에게는 친숙한 사원이다.

나무와 재료를 잇다 :
한국 전통 건축

우리나라의 전통 건축은 주로 목재를 사용해 다양한 재료를 결합해 완성하는 가구식 구조이다. 공학적으로는 중국식 건축과 유사하나 공간 활용과 세부적인 면에서는 차이가 있다. 궁궐, 향교, 서원 등에서도 공간이 위계에 따른 질서와 기능에 맞춰 분화된 것이 특징이다. 기둥과 보를 이용한 짜맞춤 가구식 구조를 대표하는 한국의 전통 건축으로는 예산 수덕사 '대웅전'과 영주 부석사 '무량수전'을 들 수 있다.

우리나라 전통 건축의 특성

우리나라의 도시와 건축 공간은 비대칭 속에서 대칭적인 변화를 보이며, 또한 대칭적인 구성 안에서 비대칭성을 나타내는 특성이 있다. 무슨 말인가 하면, 좌우가 대칭을 이루는 배치이면서도 내부적으로 균형을 이루지 않은 경우가 있는데, 주택 등 일반 건축이나 사찰, 서원, 향교 등 종교 건축에서도 흔히 나타나는 특징이다. 진입 과정과 이동에 따라 공간들이 분화되고 하나씩 나타나 결국 주요 공간에 이르게 된다. 또한 건축의 위계에 따라 주요 공간과 부속 공간이 달리 조성되고, 기능에 따라 적절히 공간을 분리해 나름대로 질서를 준다. 특히 사찰 건축에서 일주문(기둥을 한 줄로 배치한 문)을 지나 주요 공간인 주불전에 이르는 과정에서 진입공간, 과정적 공간, 주공간, 부공간 등 각각이 유사한 듯하면서도 차이를 갖고 적절히 구분된다. 향교와 서원에 있어서도 제향이나 교육을 위한 공간이 앞뒤에서 각각 축선(건물 구성의 중심선)과 지형에 따라 알맞게 배치되는 지혜가 돋보인다.

● 기둥과 보의 구조.

● 수덕사 들어가는 길.

충남 수덕사 대웅전

수덕사는 충청남도 예산군 덕산면 덕숭산에 있는 사찰이다. 백제 후기 또는 고려 초기에 만들어진 것으로 추정된다. 절에 남겨진 기록에는 백제 후기 숭제법사가 처음 짓고 고려 공민왕 때 나옹이 고친 것으로 기록돼 있고, 또 다른 곳에서는 백제 법왕 1년(599)에 지명법사가 짓고 원효가 고쳤다고도 전한다.

석가모니 불상이 있는 대웅전은 고려 충렬왕 34년(1308)에 지은 건물로, 지은 시기를 정확하게 알 수 있는 한국에서 가장 오래된 목조건축물 중 하나다. 대웅전은 고려 시대의 작품이기는 하지만, 백제의 기술적 밑받침 위에 만들어진 건축물로 옆면의 장식적인 요소가 매우 아름답다.

대웅전의 구조와 특징

　수덕사는 덕숭산 남쪽 구릉의 땅을 반반하고 고르게 만들어 몇 개의 단으로 만든 후 가운데에 마당을 두고, 남쪽에는 참선하는 방인 선방, 북쪽에는 구릉을 배경으로한 대웅전을 두었다. 마당의 좌우에는 승려들이 거처하는 집인 요사채를 볼 수 있다.

　대웅전은 석가모니를 부처로 모시는 큰 집으로 정면 3칸(집의 칸살의 수를 세는 단위), 측면 4칸의 겹처마 맞배지붕(마치 책을 엎어 놓은 것 같은 형태의 지붕)이며, 정갈하게 다듬어 만든 기다란 장대석으로 높은 기단을 만들고, 자연석을 가공 없이 그대로 초석으로 사용했다. 둘레를 둥그렇게 깎아 만든 기둥인 원주에는 기둥의 중간이 배가 부르고 아래위로 가면서 점점 가늘어지게 만드는 배흘림 기법이 명확하게 표현돼 있다. 기둥의 배열은 내부에 4개의 높은기둥(건물의 테두리 기둥보다 키가 높은 기둥)을 앞뒤로 2개씩 세우고, 옆에도 건물 외곽을 감싸는 기둥을 세웠다. 기둥의 위쪽에는 처마의 무게를 받치기 위해 댄 나무인 '공포'를 올렸다. 공포의 좌우로는 사람 인(人) 자 모양의 솟을합장을 설치해 구조적인 안정성을 강조했고, 특히 기둥의 위쪽에 걸친 가재 꼬리 모양의 곡선형 들보 '우미량' 또한 구조적 완벽성과 함께 장식적 의도를 잘 표현한다. 이러한 재료 사이의 작은 벽에는 고려 후기에 건립된 불교 건축물의 뛰어난 면모를 보여 주는 불화가 가득 그려져 있었다고 하나, 현재는 모두 없고 노란색을 칠한 빈 벽뿐이다. 비슷한 시기에 건립된 부석사 무량

◉ 수덕사 대웅전 정면.

● 수덕사 대웅전 측면.

수전과 비교해 볼 때 영남 지방의 직선적인 구조미와는 달리 곡선미를 지니고 있음을 알 수 있다.

경북 부석사 무량수전

경상북도 영주시 부석면 봉황산 중턱에 있는 부석사는 신라 문무왕 16년(676)에 의상대사가 화엄 종파의 가르침을 폈던 곳이다. 고려의 승려인 원융 국사가 1041년에 들어와 죽을 때까지 이곳에 머물기도 했다. 무량수전은 부석사에 있는 고려 중기 때 지은 건물로 1358년 왜구의 침략으로 불에 타 큰 손해를 입었고, 1376년 승려인 진각국사 원응이 고쳐 지었다. 1611년 광해군, 1723년 경종,

동양 사회, 자연과 발맞추는 건축

● 부석사 무량수전.

● 부석사 안양루.

1767년 영조 때는 건물의 낡고 헌 부분을 손질하는 등 정비했다. 무량수전 뒤에는 의상대사 설화와 관련된 '부석(浮石)'이 새겨진 바위가 있다. 이곳은 우리나라에 남은 목조건물 중 안동 봉정사 극락전과 더불어 가장 오래된 건축물이다.

무량수전의 규모는 앞면 5칸, 옆면 3칸으로 지붕은 옆면이 여덟 팔(八) 자 모양인 팔작지붕이다. 지붕 처마를 받치는 구조는 기둥 위에 공포를 올린 주심포 양식이며, 배흘림기둥을 사용했다. 우리나라 전통 건축법을 연구하는 데 매우 중요한 표본이며, 건물 안에는 국보인 '부석사 소조여래 좌상'이 보관돼 있다.

무량수전의 부석 바위

《삼국유사》에 따르면 의상대사가 당나라 유학을 마치고 귀국할 때 그를 흠모한 여인이 용으로 변해 따라왔다고 한다. 그리고 의상대사를 보호하면서 절을 지을 수 있도록 도왔다. 이후 여인은 공중에 뜬 바위로 변해 숨어 있던 도적 떼까지 쫓아낸 후 무량수전 뒤에 내려앉았다고 한다. 바위에 새겨진 '부석'은 떠 있는 바위라는 뜻이다.

배산임수를 갖춘 명당 :
한국 전통 마을

　우리나라의 전통 마을은 자연적인 지형을 활용해 계획한 것으로, 중국의 기하학적 바둑판 형상처럼 일률적으로 형성된 것과는 다르다. 여기에 뒤로는 산을 등지고 앞으로는 물에 면해 있는 '배산임수'를 따랐다. 대표적인 전통 마을인 경상북도 경주시 '양동마을'과 안동시 '하회마을'은 한국인의 전통적인 문화, 풍속, 제도가 여전히 이어지는 생활공간이자 살아 있는 유산이다. 유네스코 세계유산에 등재되기도 했다.

　우리나라의 전통 건축은 주로 나무를 이용한다. 때문에 석재를 이용한 경우에 비해 수명이 짧아서 현재 주로 남아 있는 것은 가까운 시기인 조선 시대의 건축이다. 이때는 유교적 사상이 건축에도 반영돼 검소함을 지향했고 이로 인해 미적인 측면이 줄어들었다. 그러나 건축 기술 자체는 조선 시대의 건축이 이전 시기와 비교해 평면적으로 더 복잡하고, 형태가 다양하며, 기술적으로 발전되고

　　　　　　　　　　　　　　　동양 사회, 자연과 발맞추는 건축

정교한 모습을 보인다. 단순한 일자형 건축에서 벗어나 ㅁ, ㅂ, ㄱ 형태의 한옥이 보편화되었고, 민간의 가옥 또한 더 복잡한 형태와 발달한 기술로 전보다 큰 규모를 갖추게 되었다.

우리나라의 기후는 사계가 분명해서 추운 겨울의 폐쇄성과 더운 여름의 개방성을 동시에 가질 수 있게 만들어졌다. 기둥과 기둥 사이가 벽체보다는 창호로 구성된 마루는 개방형 공간이고, 온돌식 구조의 안방은 폐쇄형 공간이다. 평면은 한반도의 다양한 기후 지역을 보여 주듯이 지방마다 서로 다른 형태가 나타난다. 서울지방형, 중부지방형, 남부지방형, 제주도지방형, 평안도지방형, 함경도지방형 등으로 구분돼 각 지역의 특성을 보여 준다.

● 배산임수.

전통 건축의 공간은 사는 사람의 성별, 신분, 기능에 따라 분리되고 집 안에서는 다시 여러 개의 칸으로 나뉜다. 안채, 사랑채, 행랑채, 별당 등으로 각각 존재하지만 하나의 커다란 주거 공간을 이룬다. 조선 시대는 양반, 중인, 평민, 천민의 엄격한 신분제가 있어 주택 건축에도 큰 영향을 미쳤다. 또한 불교를 억제하고 유교를 숭상하는 '숭유억불' 정책으로 가부장적인 대가족제도가 형성돼 한 주거 공간 내에 가장을 중심으로 여러 세대가 공동으로 생활하게 되었다. 따라서 주택의 규모도 커지고 산 사람과 죽은 사람의 공간, 남자와 여자의 공간, 양반과 하인의 공간으로 나뉘졌다.

경주 양동마을

양동마을은 경상북도 경주시 양동리 북쪽 설창산에 둘러싸여 있는 유서 깊은 양반 집성촌(같은 성을 가진 사람이 모여 사는 곳)이다. 이곳은 우리나라에서 가장 역사가 오래되고 규모가 크며, 그 원형이 가장 잘 보존된 조선 시대 양반 씨족 마을이다. 성리학자이자 영남학파인 이언적 선생을 배출한 '여주 이씨'와 이조판서, 대사헌 등을 역임한 문신인 손중돈 선생을 배출한 '경주 손씨'가 서로 협동하고 경쟁하며 600여 년의 역사를 이어온 곳이다. 이곳은 풍수지리에서 후손에게 장차 좋은 일이 많이 생긴다는 '명당'에 자리잡았다. 마을 뒤로는 설창산의 문장봉에서 산등성이가 뻗어 내려가 네 줄기로 갈

● 경주 양동마을.

라져 능선과 골짜기가 여럿 나란히 있는 勿(물) 자 형 모양이다.

양동마을의 가옥은 지형과 잘 조화돼 주변 자연과 일체화된 경관을 이룬다. 지형의 경사에 기대 집의 자리를 잡고, 집에서 보이는 경치를 풍수의 원칙에 따라 조정한 결과다. 아름답고 매력적인 자연환경과 집이 서로 잘 어울리는 안온한 분위기가 특징이다. 이곳의 대표 전통 주택인 '무첨당'을 살펴보자.

조선 시대의 별당형 정자, 무첨당

무첨당은 양동마을 안길에 있는 조선 시대의 별당형 정자이다. 조선 전기의 학자인 이언적의 후손이 종갓집(족보상 한 문중에서 맏

이로만 이어 온 큰집)의 사랑채로 사용하는 건물이다. 무첨이란, 없을 무(無)에 더할 첨(添)을 합친 말로 조상이 남긴 유산을 더럽히지 않겠다는 뜻으로, 이언적의 손자 이의윤의 호이기도 하다.

이곳은 정면 5칸, 측면 2칸 규모로 2개의 온돌방과 대청이 있다. 구조는 막돌(일정하지 않은 모양의 자연 돌)로 쌓은 높은 기단 위에 원형의 두리기둥을 세웠다. 대청과 다락처럼 높게 만든 마루인 누마루의 앞면은 창호 없이 개방했고, 뒷면에만 창호가 있다. 마루는 문짝을 열거나 들어 올려 걸어 놓으면 전망이 트이게 돼 있다. 지붕은 팔작지붕(측면에 삼각형의 벽이 생기는 지붕)과 오른쪽 온돌방 동쪽에 덧댄 눈썹지붕(벽이나 지붕 끝에 물린 좁은 지붕)이다. 무첨당의 대청마루에서 밖을 내려다보면, 비스듬히 큰길이 보이고 마을 안쪽의 가옥 풍경을 접할 수 있다.

● 무첨당.

동양 사회, 자연과 발맞추는 건축

본채는 무첨당의 오른쪽 온돌방 옆을 통해 사당으로 올라가는 계단 길을 사이에 두고 자리한다. 사랑방, 대청, 안방, 부엌, 건넌방으로 구성된 ㄷ자형과 본채 전면의 一자형 부속채가 모여 ㅁ자형을 이룬다. 본채와 부속채 사이에는 중문이 있어 안마당과 연결된다. 안마당은 기단을 2단으로 만들어 화단을 꾸몄다. 별당인 무첨당과 본채 사이의 수십 개의 계단을 올라가면 사당이 보인다. 이곳은 정면 3칸, 측면 1칸의 맞배지붕 기와집이다. 앞면에 개방형 툇간(집채 밖에 기둥을 세워 만든 곳)을 두고 있으며, 바닥은 흙으로 구워 만든 전돌로 마감하고 화려한 단청을 댔다. 사당은 이 마을에서 가장 높은 지형에 있으며, 그 앞에 서면 마을 입구와 성주산이 눈앞에 펼쳐진다.

안동 하회마을

하회마을은 경상북도 안동시 풍천면에 있는 전통 마을이다. 풍산 류씨 집안의 발상지이며, 그들의 자손들이 지금도 머물고 있다. 풍산 류씨는 600년이라는 시간 동안 이곳의 터줏대감으로 자리 잡고 있으며, 마을 주민의 70%를 차지한다. 조선 중기의 문신 서애 류성룡과 겸암 류운룡이 이곳에서 태어났다.

하회마을의 지형은 태극형 또는 연화부수형이라고도 하는데, 낙동강 줄기가 마을을 싸고돌면서 S자형을 이룬 것을 말한다. 강 건너

● 안동 하회마을.

남쪽에는 영양군 일월산에서 뻗어 나온 남산이, 마을 뒤편에는 태백산에서 뻗어 나온 화산이 마을 중심부까지 완만하게 내려와 충효당 뒤뜰에서 멈춘다. 강 북쪽으로는 절벽 부용대가 병풍과 같이 서 있다. 하천의 흐름에 따라 남북 방향의 큰길이 나 있는데, 이를 경계로 위쪽이 북촌, 아래쪽이 남촌이다.

북촌의 양진당과 북촌댁, 남촌의 충효당과 남촌댁은 서로 쌍벽을 이루는 전형적인 양반 가옥이다. 큰길을 중심으로 마을의 중심부에는 류씨들이, 변두리에는 다른 성씨들이 살고 있어 이들의 생활 방식에 따라 서로 다른 문화가 내려온다.

조선 시대의 가옥형 정자, 양진당

양진당은 경상북도 안동시 풍천면 하회리에 있는 조선 시대의 가옥형 정자로 주택으로는 꽤 규모가 큰 별당이다. 하회마을의 중앙에 자리 잡은 이곳은 하회 풍산 류씨 대종가이자 조선 선조 때의 문신인 류운룡의 자손들이 대대로 사용한 집이다. 류운룡의 6대손인 류영이 이곳을 손질하고 문중의 족보를 완성한 업적이 커서 그의 어릴 때 이름을 따서 양진당이라 불렀다. 양진당이라는 말에는 '참다운 정신을 기르는 집'이라는 뜻이 있어, 학문을 잘 닦아 진리를 실천하는 학자들을 키우겠다는 의지도 담겨 있다.

양진당은 사랑채, 안채, 행랑채, 사당으로 구성돼 있다. 사랑채는 정면 5칸, 측면 2칸의 규모이나 오른쪽 1칸이 안채의 대청과 연결 돼 있어 마당에서 보면 정면이 4칸으로 보이고 안채보다 뒤로 물러 나 있어서 별도로 독립된 건물처럼 보인다. 자연석으로 쌓은 비교 적 높은 죽담(막돌에 흙을 섞어서 쌓은 돌담) 위에 역시 막돌 주초석을 놓고 기둥머리의 지름이 기둥뿌리의 지름보다 작게 마름된 '민흘림 기둥'을 세웠다. 지붕은 안채와 맞닿는 것을 고려해 서편은 맞배지 붕으로, 동편은 팔작지붕으로 했다. 대청마루는 땅에 밀착하지 않 고 띄워 설치해 누마루와 같은 형태다. 안채는 사면이 각각 7칸인 ㅁ자형의 구조이다. 솟을대문을 들어서면 서편에 마당에서 안채로 들어갈 수 있는 중문이 있는데, 중문을 열면 안채가 들여다보이지 않도록 벽으로 막았다. 정방형의 안마당에 들어서면 왼편으로 3칸 의 안방이 있으며, 앞에 반 칸의 퇴가 있고 4칸의 대청마루가 이어

● 양진당.

진다.

안채의 기둥이 상당히 높은 것은 마을의 지형 조건을 자연스럽게 보완하기 위한 배려이다. 하회마을의 경우 배산임수와 음양론(음과 양의 관계로 우주나 인간 사회의 모든 현상을 설명하려는 이론)을 완전히 충족할 수는 없는 지형이라 상대적으로 건물이 낮아 보이는데, 이러한 결점을 보완하기 위해 기단과 기둥을 높여서 지붕의 용마루(지붕 가운데의 가장 높은 수평 마루)가 올라간다. 기둥이 높아지면서 안방의 천장도 따라 높아지는데 여기에 다락을 설치해 공간을 효과적으로 활용했다.

행랑채에는 헛간, 방, 솟을대문, 마구간, 마부 방이 있고 동쪽에 바깥 뒷간이 따로 마련돼 있다. 사당은 사랑채 뒤 동북 쪽에 따로 쌓은 담장 속에 있다. 두 개의 건물로 돼 있는데 하나는 입암 류중영의 불천위(큰 공훈이 있어 영원히 사당에 모시기를 나라에서 허락한 경우) 사당이고, 다른 하나는 겸암 류운룡의 불천위 사당이다.

서양 옷을 입고 갓을 쓰다 :
제관 양식

서양과 동양의 만남, 제관 양식

제관 양식은 20세기 초 일본에서 발전한 것으로 서양의 근대건축 기술과 일본의 전통 양식이 합쳐진 건축을 말한다. 이 양식은 1919년, 현 일본 국회의사당인 일본 제국의회 청사 설계 공모에서 건축가 시모다 기쿠타로가 철근콘크리트 건축물에 일본식 지붕을 적용한 설계안을 '제관병합식'이라고 부르면서 시작됐다. 이후 일본을 중심으로 1930년대에 확산되었고, 제2차 세계대전이 끝날 때까지 절정에 이르렀다. 서양의 역사에서는 로마네스크나 고딕 양식에 비잔틴 양식의 돔이 얹힌 것처럼 서로 다른 문화의 건축적 상징이 조합하는 경우가 종종 있지만, 제관 양식처럼 아예 다른 문화권이 절충하는 경우는 많지 않다.

제관 양식은 1900년대의 시대적 상황을 바탕으로 서양 근대건축의 특징인 산업화와 표준화된 콘크리트로 만든 고층 건축에, 일본

● 나고야 시청.　　　● 나라 JR역.

전통 건축의 특징인 기와지붕을 그대로 시각화해 조합했다. 이러한 두 문화의 어색한 조합은 전통과 정체성에 대한 문제로 확대하면서 일본에서는 일시적 유행으로 사라졌지만, 중국 등에서는 오히려 자국의 전통을 덧입혀 계속 유지하고 있다.

현재까지 남아 있는 제관 양식의 건축물로는 서울도서관, 일본 국회의사당, 나고야 시청, 나라 JR역, 일본 국립박물관, 대만 중화민국 총통부, 홍콩 예빈부, 사할린 지역 박물관 등이 있다. 특히 일본 국립박물관 본관은 군국주의 시대의 일본을 연상시킨다. 북한에서도 인민대학습당, 인민문화궁전, 평양대극장, 당창건사적관처럼 전통 건축의 외관만 본뜬 콘크리트 건축을 선보였는데 제관 양식의 아류라는 비판을 받기도 했다.

우리에게 제관 양식이 중요한 것은 역사적 상황 때문이다. 우리나라의 근대건축은 개화기에 서양의 것이 직접적으로 전달되기도 했지만, 많은 부분은 일제강점기에 일본화된 서양 근대건축이 일본

● 서울도서관.

● 대만의 중화민국 총통부.

건축과 함께 들어왔다. 그래서 한국의 근대건축은 정체성에 관한
논란과 함께 사회적 문제로 확대되기도 했다.

충남 옛 부여박물관

　1960~1970년대 우리나라의 건축은 정부의 문화·예술 분야의
통제와 활용 경향으로 보아 일본의 제관 양식에 바탕이 있다고 추
정할 수 있다. 대표적인 사례가 1967년에 지어진 충청남도 부여군
에 있는 옛 부여박물관이다. 한국의 근현대 건축을 대표하는 건축
가인 김수근이 설계한 것으로 그의 다른 작품인 '워커힐 힐탑바' '남
산자유센터'에서 보인 구조와 디자인 특징이 잘 드러난 건축물이
다. 서까래를 연상시키는 콘크리트 골조에 한옥의 맞배지붕 장식을
표현했지만, 외형이 한옥보다는 일본 신사와 비슷해 논란의 중심에
서게 된다. 이후 건물은 약간의 수정을 거친 뒤 완공됐다. 박물관으

● 옛 부여박물관.

로 쓰이다가 1993년에 새 국립부여박물관이 지어지면서 잊혀졌다.

　이후 김수근 건축가는 한국의 전통 건축을 더 공부해 서울 종로구 공간사옥, 청주국립박물관, 진주국립박물관 등을 설계했다.

　일제강점기 때는 국가를 빼앗긴 상황이었기 때문에, 일본이라는 외부 세력의 강압적인 근대화에 저항하기 위한 최후의 보루로 내세웠던 것이 우리나라 고유의 전통이었다.

　이후 1960년대에는 생활 환경의 개선과 소득 증대를 위한 '새마을운동'이 나타나 전통을 서양의 근대 사회와 비교해 오래되고 낡은 것이라 폐기하면서도, '유신 체제' 유지를 위해 전통을 계승할 것을 강조하는 모순이 나타났다. 이 시기에는 비약적인 경제 성장으로 국가 주도의 공공 건축 프로젝트가 많았다. 당시 정권에서는 체제의 정통성을 강조하기 위해 전통 건축의 직설적인 모방을 대놓고 요구하기도 했다.

중국과 일본과도 다르면서도 동북아시아의 문화권에 속해 있는 한국 전통 건축은 근현대 한국 건축에 어떤 영향을 미치고 있을까? 우리는 전통을 어떻게 계승해야 할까? 단순히 모방하는가 아니면 전통을 해석해 새로운 창조의 길로 가야 할까? 옛 부여박물관은 한국 근현대사의 단면을 적나라하게 보여 주는 건축 사례로 생각해 볼 만한 여러 질문을 안겨 준다.

유신 체제

제4공화국의 별칭. 1972년, 박정희 대통령이 전국에 비상계엄령을 선포하고 수립한 공화국이다. 유신이란, 유교 용어로 '새로 고친다'는 뜻이다. 당시 정권 유지에 어려움을 겪던 박정희는 권력 유지를 위해 국가의 정상적인 기능을 중단시키고 새로운 유신 헌법을 제정했다. 이 체제는 독재정권이라는 비난을 받았다. 한편으로 수출이 증가하고, 새마을운동도 시작되는 등 경제 개발 계획이 추진됐다. 그러나 빈부 격차 문제 등도 생겼다. 이후 1979년 대통령이 암살당하며 사실상 해체됐다.

3장

현대 사회,
새로운 시대를 담는 건축

철학자이자 사회학자인 미셸 푸코에 의하면 서유럽의 역사는 1500년부터 150년을 주기로 서로 다른 상대적인 진리(에피스테메, Episteme)가 나타난다고 한다. 어떤 특정한 시대의 문화를 규정하는 규칙의 체계를 말한다.

유럽은 15~17세기 대항해시대를 거쳐 19세기에는 자본주의와 제국주의 국가들이 시장의 개척과 자본의 투자 대상으로 아시아와 아프리카의 여러 나라를 침략해 식민지나 반식민지로 지배했다.

1870년대 이후 제국주의로 막을 연 현대사회는 두 번에 걸쳐 세계대전을 겪는

다. 해외를 향한 식민지 확장과 동시에 유럽 내부에서는 충돌이 일어나 제1차 세계대전으로 발전했다. 1920년대 후반 ~1930년대까지 세계 경제 공황을 계기로 전체주의 국가들이 팽창과 침략을 시도해 제2차 세계대전이라는 또 다른 시련을 겪게 된다.

한편 19세기까지 변두리 국가였던 미국과 소련이 강대국으로 성장했고, 제2차 세계대전 후 16세기 이래 유럽의 침략을 받아 온 아시아와 아프리카에서는 반제국주의, 반식민주의를 내걸고 민족의 해방과 근대화 운동을 전개해 독립하기

도 했다. 이러한 가운데 유럽에서는 민주주의와 복지국가를 향한 개혁 정책이 시행되었다.

제2차 세계대전 후 세계 평화의 유지와 인류 생활의 향상을 위해 국제연합(UN)이 설립되었지만, 이념적 대립으로 미국과 소련이 국제 정치를 이끄는 '냉전 시대'가 열리면서 전쟁 없는 전쟁이 지속됐다. 그러다 1970년대에 평화 공존의 분위기와 군비 축소를 계기로 일부 화해. 이를 계기로 동유럽 공산권의 붕괴, 소련의 해체, 독일 통일, 이스라엘과 팔레스타인의 평화 협정 체결 등과 같은 변화가 나타난다. 일부 개발도상국은 냉전 시대에 미국과 소련 어느 쪽에도 가담하기를 거부하며 '제3세계'로 남는 비동맹을 선택했다. 정치적 긴장이 풀어지면서 과학과 기술이 발달하며 경제적 여건은 풍요로워졌으나, 선진국과 저개발국 간의 경제 격차와 경제적 이기주의라는 문제가 제기되었다. 이와 함께 환경오염, 인구 증가, 인간성 상실 등 또 다른 문제들도 나타났다.

철학의 주요한 분야인 현상학은 1900년경부터 에드문트 후설, 마르틴 하이데거, 모리스 메를로 퐁티 등에 의해 발전하면서 현대건축에도 큰 영향을 주었다. 건축 현상학은 자연 요소와 주체의 경험 그리고 장소성과 지역성 등 다양한 요소를 공간으로 시각화했다. 그러다 1968년 구조주의와 위상학이라는 새로운 공간 개념이 등장하고, 이에 따른 공간 구성의 유형이 나타난다. 이후 컴퓨터의 비약적인 발전과 함께 현대건축은 비정형적이며 실험적인 디자인과 자연의 원리를 이용한 것까지 최첨단 건축으로 확장되고 있다.

1945년, 우리나라는 광복 후 눈부신 경제·사회적 발전을 이룬다. 그리고 최근 다양한 분야에서 뛰어난 문화를 창조하면서 선도하고 있다. 현재 한국의 건축은 한옥으로 대표되는 전통 건축과 함께 서양의 현대건축을 바탕으로 새로운 우리만의 것을 향해 나아가는 중이다.

철학을 바탕으로 짓다 :
건축 현상학

1950년대 이후 근대건축과 현대건축은 '현상학'이라는 철학을 바탕으로 한다. 1900년대 초 독일의 철학자 에드문트 후설이 시작한 현대 철학으로, 세계가 주체의 의식에 나타나는 것을 '현상'이라 하고, 주어진 현상의 보편적인 특징과 조건을 탐구하는 철학이다. 기존의 과학적 인식론이 인간의 사고 능력을 중요시하는 데 비해, 현상학은 세계와 의식이 관계 맺는 자체에 관심을 가진다. 그리고 세계와 주체의 관계 맺음은 바로 '지각'이라는 현상으로 드러난다. 즉, 현상학은 의식 주체와 세계의 관계 또는 타인과의 관계에 대한 학문이다. 이후 마르틴 하이데거, 가스통 바슐라르, 장 폴 사르트르, 모리스 메를로 퐁티, 한스 가다머, 한나 아렌트 등을 거쳐 확대되었다.

인간 주체와 건축 현상학

건축 현상학은 1950년대 초반부터 오늘날까지 계속되고 있는 미학적인 건축 운동이다. 이는 기존 건축에의 도전이었고 포스트 모던 건축으로 이어졌다. 1950년대에는 이탈리아의 건축가 알도 로시, 미국의 건축가 찰스 무어에게 영향을 미쳤다. 1970년대에는 노르웨이의 건축가이자 역사가인 크리스티안 노베르그 슐츠가 현상학의 영향을 받아 '지니어스 로사이(Genius Loci, 장소의 혼)'이라는 개념을 발표해 주목을 받았다. 1980년대에는 건축가 알베르토 페레즈 고메즈, 유하니 팔라스마 등에 의해 건축 현상학에 대한 접근이 계속됐다. 최근에는 철학자이자 건축가인 나더 엘 비즈리와 같은 새로운 세대의 연구를 통해 강화되고 있다. 다니엘 리베스킨트,

●포르투갈의 레사 수영장.

● 레사 수영장.

스티븐 홀, 피터 줌터, 알바로 시자 등 역시 다양한 현상학적 건축 설계를 시도하는 중이다.

바다라는 수영장의 장소성

근대 포르투갈은 내전과 독재 정권의 지배하에 이동이 자유롭지 못한 상태로 각 지방의 전통 속에 발전돼 왔다. 포르투갈의 건축을 대표하는 이는 알바로 시자이다. 1966년 그가 설계한 '레사 수영장' 은 포르투갈 해안 도시인 포르투에 있는 알바로 시자의 초기 작품 중 하나다. 그는 암석과 모래로 덮인 해안가의 아름다운 경관을 훼손하지 않는 수영장을 설계했다. 그 결과 해안선을 따라 해변과 도로 사이에 수영장이 배치되었다. 도로와 해변의 높이 차이를 이용해 도로에 바짝 붙은 길고 낮은 모양이다. 이곳은 수영장이 아닌 바다에서 수영하고 있다는 착각을 불러일으킬 정도로 그 영역이 확장된 경관이다. 알바로 시자의 핵심 개념인 자연에 순응해 건축을 드러내지 않는 것이 구현됐다. 수영장의 배치뿐 아니라 입구부터 탈의실을 거쳐 수영장에 이르는 공간에서 경사로, 수평적인 벽 등을 이용해 현상학적 건축을 완성했다. 건물의 외부 또한 주변 환경에 맞는 색감의 콘크리트를 사용해 건물이 돋보이지 않게 했다.

자연과 어우러진 설계를 통해 아름다운 경관을 펼쳐 놓고 수영장의 이용자와 보행자의 조망까지 생각한 레사 수영장은, 건축물이 있어야 할 장소와 주변 환경의 관계를 통해 사용자의 경험을 극대화한다. 이는 동양, 특히 한국의 전통적인 건축관과 어느 정도 통하는 부분이 있다. 한국의 전통 건축 중 원림(정원이나 공원의 숲) 건축에 해당하는 전라남도 담양군의 소쇄원이나 선비들의 정사(정신 수양이나 학문을 위한 곳)는 주변 자연에 순응한 배치를 보이며 건물을 드러내지 않는다. 또한 주변의 정원뿐 아니라 먼 곳의 자연 요소까지 빌려 정원의 일부로 이용한 것을 알 수 있다.

빛과 수공간이 만드는 공간의 분위기

건축 현상학은 장소나 지역의 특성을 이용해 공간을 구성하는데 빛, 색, 물 등 자연 요소를 이용하거나, 이용자의 움직임을 통해 경험을 제공한다. 그중에서도 빛의 변화와 결합, 물과 어우러진 공간은 다양한 분위기를 내뿜는다.

빛과 물의 공간을 이용한 건축 사례로는 재일한국인 건축가 이타미 준이 설계한 제주도 서귀포시의 '방주교회'가 있다. 이곳은 지붕의 빛과 대지의 물 공간을 이용해 분위기를 형성한다. 빛의 유입 방법, 효과, 의미와 함께 물 공간의 존재감, 반사나 굴절 같은 물리적인 현상을 설계에 이용한 건축 현상학을 보여 준다. 물 위에 떠 있는 '노아의 방주'를 모티브로 건축해 기독교의 종교적 의미를 담았다. 여기에 대지의 지형과 자연의 일체감을 고려해 주변의 언덕이나 하

● 제주도 방주교회의 물 공간.

늘을 의식한 조형으로 만들었다. 인공적인 물 공간은 건물이 마치 물 위에 떠 있는 듯한 느낌을 준다. 여기에 녹색의 잔디와 파란 하늘과도 잘 어우러져 건축물과 자연의 조화가 돋보인다.

방주교회는 이타미 준이 설계한 수(水), 풍(風), 석(石), 지(地)라고 이름 붙인 4개의 미술관과 연속된 건축물로서, 공(空)의 교회라고도 한다. 즉, 하늘의 교회라는 말이다. 건축가는 건물 상부를 어떻게 하늘과 조화롭게 일체화시킬 것인가 고민한 결과, 지붕 부분에 하늘의 색을 반사하는 형태를 완성했다.

이타미 준은 이에 대해 "그곳에 잠시 멈춰 서 있으면, 마치 주위에서 공기와 빛이 달려드는 듯하다. 그건 다름 아닌 하늘의 움직임 때문이다. 그 순간, 하늘과 빛이 질주하는 듯한 표층을 나타내는 형태. 그러한 건축을 만들자고 마음먹었다"고 설명한다.

● 방주교회의 지붕과 빛.

　그는 물과 하늘이라는 제주의 풍토와 사람, 공간이 어우러져 교
감하는 '풍토건축'이라는 개념을 처음으로 도입하기도 했다. 또한
현대의 대표 건축 자재인 콘크리트에 흙, 돌, 금속, 유리, 나무 같은
자연 소재를 대비시켜 방주교회만의 특징을 강조했다. 이러한 소재
의 질감이 건축물을 예술 작품으로 승화시켰다.

움직임의 공간과 경험

　건축 현상학 중 움직임을 고려한 건축 공간은 동선, 프로그램 배
치, 공간 구성 등을 이용해 사용자의 경험을 극대화하는 설계 개념
이다. 대표적인 사례가 일본 건축가 안도 다다오가 설계한 강원 원

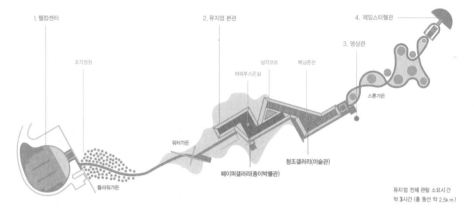

● '뮤지엄 산'의 지도.

주시 오크밸리 리조트에 있는 '뮤지엄 산'이다. 이곳은 계절마다 주변 산의 풍경을 다양하게 경험할 수 있다. 웰컴센터, 플라워가든, 워터가든, 박물관 본관, 스톤가든, 명상관, 제임스 터렐 관 등 다양한 전시 공간을 동선으로 연결한다.

웰컴센터에는 주차장과 매표소가 있고, 이곳을 나오면 플라워가든이 바로 시작되는데 고요하고 풍경도 멋져서 산책하기에 좋다. 워터가든에 가면 주변 풍경이 물 위에 떠 있는 것처럼 보이며, 본관까지 이어져 둘러싸고 있다. 박물관 본관의 페이퍼갤러리는 상설전시와 체험형 전시 등으로 구성된다. 스톤가든은 신라 고분을 모티브로 만들어졌다. 한반도의 8도와 더불어 제주도를 상징하는 고분 형식의 돌무덤이 있다. 이곳의 정원은 강원도 원주시 귀래면에서 가지고 온 돌을 이용해 만들었다. 명상관은 뮤지엄 본관에서 스

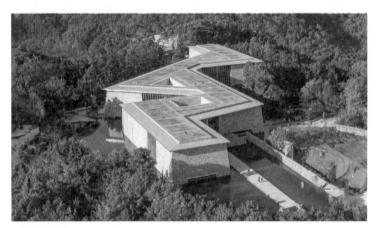

● 뮤지엄 산.

톤가든으로 나가면 갈 수 있다. 제임스 터렐 관은 빛과 공간의 예술가인 제임스 터렐의 대표 작품 〈스카이 스페이스〉〈스페이스 디비전〉〈호라이즌 룸〉〈웨지워크〉〈간츠펠트〉로 구성된다.

뮤지엄 산은 입구부터 시작되는 오솔길, 끝을 장식하는 스톤가든까지 직접 체험하며 느낄 수 있는 공간으로 가득하다. 자연과 전시 공간을 사용자가 움직이면서 경험하는 이 공간은 마치 자연적으로 발생한 골목과 마을의 형성 원리를 현대건축에 넣은 듯하다.

공간을 비우고 연결하다 :
공간 위상학

19세기와 근대건축은 '기계론적 사고'가 지배했다. 이로 인해 근대사회는 빠르게 성장해 풍요로워졌다. 기계론적 사고란, 물질적인 세계는 마치 기계와 같이 구성돼 있으며, 인간과 자연마저도 세상을 돌아가게 하는 기계의 일부로 여기는 것을 말한다. 그러나 이 사고를 인간이나 사회를 이해하는 체계로까지 확대 적용하면서 근대사회는 많은 문제점을 드러냈다. 도시, 사회, 사람들은 고유함과 개성을 잃어 갔으며 급속한 산업 발전으로 인해 생태계는 파괴됐다.

기계론적 사고를 대체하기 위해 찾은 것이 바로 '유기론적 사고'다. 유기론적 사고를 뒷받침하는 두 개의 이론은 아인슈타인의 상대성 이론과 하이젠베르크의 양자역학 중 하나인 불확정성의 원리이다. 이 이론들은 물질의 최소 단위가 그물처럼 얽혀 서로 끊임없이 상호작용한다는 것을 증명하며, 세상의 모든 것은 불확정적인 상태로 보이지 않는 연결고리를 형성하고 있다는 유기론적 사고의 바탕이 됐다.

공간을 비우고 연결하는 '공간 위상학'은 위상학적 연산을 이용한 현대건축이다. 고전인 유클리드 기하학에서는 종이 위에 그려진 사각형, 삼각형, 원을 다 다르게 보지만, 위상학에서는 종이라는 평면 위의 형태만 다르지 동일한 공간으로 본다. 여기에는 관통, 폴딩(Folding), 솔리드와 보이드(Solid&Void), 엮기 등 여러 유형이 있다. 관통의 경우는 서로 다른 공간을 연결하는 방법으로, 도넛이나 브레첼의 생김새를 떠올리면 쉽게 이해할 수 있다.

위상학적 공간의 관통과 미술관 쿤스탈

네덜란드 로테르담에 있는 쿤스탈 미술관은 위상학적 관통을 잘 보여 주는 사례다. 대표적인 현대건축가인 렘 콜하스가 설계한 것으로, 미술관이 네덜란드 로테르담 도심 강변과 공원을 연결한다.

● 뫼비우스의 띠.

● 8자 매듭.

● 쿤스탈 로테르담.

즉, 공원의 도로가 미술관을 관통해 마치 로터리처럼 주변까지 연결된다. 그래서 사용자는 강변과 공원 어디에서든지 미술관을 통과해 원하는 곳으로 갈 수 있다. 외부와 내부가 자연스럽게 연결돼 있어 드나들면서 다양한 문화와 전시를 즐기게 된다.

마당과 중정의 보이드

공간을 서로 연결하는 또 다른 방법은 빈 공간인 '보이드'와 채워져 있는 '솔리드'를 이용하는 것이다. 한옥의 마당은 현대건축의 관점으로 보면 위상학적 보이드라고 할 수 있다. 주택 한가운데 있는 마당은 모든 곳을 연결하고, 여러 가지 일을 할 수 있는 다목적

● 병산서원 마당.

공간이다.

   또 다른 보이드 건축 사례로는 서울대학교 미술관을 들 수 있다. 이곳은 서울대학교 캠퍼스 정문 근처의 경사진 땅에 반투명한 직육면체가 살짝 걸터앉은 듯한 모양으로, 멀리서 봐도 그 형태의 강렬함이 눈에 띈다. 공간의 관통, 외부와 내부의 보이드, 노출된 철골 구조체 프레임과 캔틸레버(한쪽 끝은 고정되고 다른 끝은 받쳐지지 않은 상태로 있는 보), 투명한 건축 재료, 동선을 이용한 내부 공간의 유기적 연결 등 새롭고 혁신적인 현대건축을 잘 보여 준다.

   미술관의 주 출입구는 대학 내부의 도로와 함께 외부에서도 접근이 가능하다. 대지의 앞쪽과 뒤쪽의 높이 차이를 이용해 보행 통로를 만들기도 했는데, 올라가면 마치 공중에 떠 있는 듯한 미술관이

● 서울대학교 미술관 전경.

● 서울대학교 미술관 내부.

보인다. 미술관 앞마당은 내부로 들어가는 입구를 안내하며, 야외 전시 공간, 관람자의 휴식 공간 등으로도 사용된다.

안으로 들어가면 밖에서는 상상하기 힘든 중앙의 거대한 보이드가 조금씩 나타난다. 중앙 계단과 반투명한 벽체 마감의 독특한 질감으로 인해 오르다 보면 가볍게 떠 있는 듯 느껴진다. 계단을 돌고 돌아 다다르는 전시 공간의 꼭대기에서 바라보는 보이드는 빈 공간인데도 꽉 차 있는 듯하다. 잠재성으로 가득 차 있기에, 그 어떤 전시 작품보다도 이 공간이 더욱 인상 깊은 하나의 작품으로 다가온다.

디지털 시대, 자연의 원리를 빌리다 : 파라메트릭 건축

계속해서 변화하는 공간

위상학을 중심으로 하는 현대건축은 컴퓨터를 이용해 새로운 형태로 계속해서 발전하고 있다. 이를 파라메트릭 건축이라고 하는데, 컴퓨터에 디자인 변수를 넣고 그 변화에 따라 형태와 공간을 구상하는 설계 방법이다. 이 방법을 활용하면 쉽게 상상하지 못하는 다양한 형상을 생성하기도 하고, 변수의 조정을 통해 바로 디자인을 수정할 수도 있다. 즉, 건축설계가 단순히 형태의 시각화가 아니라 지속해서 변하는 잠재성을 가진 결과물이 되는 셈이다.

이 개념은 현대사회가 복잡한 관계성을 기반으로 하는 동적인 변화의 결과임을 반영한다. 관계란 한쪽의 일방적인 결정이 아니라 상호 간의 이해와 조정을 통한 유연함을 바탕으로 한다. 파라메트릭 건축은 이러한 사회적 현상을 건축적으로 재해석한 결과라고 할 수 있다. 지속해서 변할 수 있는 공간의 형태가 특정한 변수로 인해 한순간의 정적인 결과물로 나타난다.

건축 사례로는 마치 파도가 치거나 바람에 불어서 날아가는 듯한 형태의 스페인 '빌바오 구겐하임 미술관'이 대표적이다. 또한 서울역 근처의 공공시설물 '윤슬 : 서울을 비추는 만리동'은 다양한 높이의 연속적인 작은 계단의 모음 공간이다. 이곳의 계단은 단순히 이동을 위한 용도가 아니라, 머물고 쉬고 앉아서 다양한 활동을 할 수 있는 공간 그 자체가 된다.

빌바오 구겐하임 미술관

스페인 빌바오에 있는 구겐하임 미술관은 건축가 프랭크 게리가 설계해 1997년 개장했다. 이곳은 독특한 형태로 유명한데 미술관 자체뿐만 아니라 철강업의 쇠퇴로 침체됐던 빌바오의 경제를 되살리기까지 했다.

미술관의 건립이 도시 재생에서 핵심적인 역할을 했다고 평가받으며, 이후 이처럼 상징적인 문화시설을 통해 도시가 되살아나는 것을 '빌바오 효과'라고 칭하게 된다. 구겐하임 미술관의 디자인은 대형 현대미술관 중 가장 실험적인 도전이자, 매우 성공적이어서 새로운 미술관 건축양식의 예로 자리 잡았다. 벽의 외관은 0.3mm의 티타늄 판으로 돼 있어, 바람의 움직임에 따라 자연스럽게 움직이며 빛을 반사한다.

● 빌바오 구겐하임 미술관.

윤슬 : 서울을 비추는 만리동

윤슬은 빛이나 달빛이 비쳐 반짝이는 잔물결을 뜻하는 순우리말이다. '윤슬 : 서울을 비추는 만리동'은 공원 서울로 7017의 끝자락인 서울역 뒤쪽 만리동 광장에 위치한다. 건축물이라기보다는 공공시설물로 지역의 공공성과 재생성을 보여 주려는 시도이다. 이곳은 강예린, 이재원, 이치훈 등으로 구성된 SoA 건축이 설계했다.

서울역 주변의 보행로로 유명한 서울로 7017은 길게 선처럼 만들어진 길인데 비해 윤슬은 면으로 이뤄진 둥근 공간이다. 지름 25m의 대형 광학렌즈 모양으로 지면 아래 4m 깊이로 움푹하게 들어가 있다. 지면과 내부 공간을 연결하는 2,800개의 계단은 마치 노천극장 같은 분위기를 내는데, 컴퓨터를 이용해 다양한 높이와 형

현대 사회, 새로운 시대를 담는 건축

● 윤슬 : 서울을 비추는 만리동.

태로 설계한 파라메트릭 디자인의 결과다. 이곳은 보통의 공공시설물과 다르게 관객이 직접 작품 안으로 들어가 공간을 경험할 때 비로소 완성되는 형식이다. 수많은 계단이 있는 내부 공간 위쪽에는 스테인리스강으로 만들어진 거울이 도시의 내부와 외부를 물결처럼 비춘다. 방문자가 서 있는 위치와 각도에 따라 빛이 흡수되고 반사되는 경험도 가능하다. 밤에는 조명을 이용해 또 다른 이미지를 표현하는데 내부 공간과 바닥을 포함해 공간 전체로 퍼지는 은은한 빛은 아늑한 느낌을 준다.

설계에 참여한 3명의 건축가는 윤슬을 도시 속 공공성 외에도 다양한 의도가 모여 있는 곳으로 소개한다. 강예린 건축가는 "윤슬은 서울로 7017 프로젝트로 생겨나는 '오르고 내리고, 올려다보고 내려다보는 행위'의 경험을 증폭시키는 장치로, 서울의 새로운 모습을 마주하고 경험하며 예술적 상상력을 자극할 것입니다"라고 말했다. 이재원 건축가는 "서울로 7017이 걷는 길을 표방한다면 이곳은 철저히 머무르는 방식을 고집할 것입니다. 내부 계단은 완만한 동선을 이끌고 작은 면들로 이뤄졌습니다. 마치 내 의자 같은 그곳에 앉아 책을 읽고 음악을 듣거나 명상하고 이야기를 나누는, 지극히 개인적인 일이 벌어집니다"라고 설명한다. 또한 이치훈 건축가는 "상대적으로 낙후한 만리동에 설치한 '윤슬' 작품은 사람들의 관심과 발길을 불러 모으는 마중물이 될 것입니다"라고 말했다.

복잡계 건축, 국립현대미술관 서울

복잡계란, 자연을 구성하는 수많은 변수가 유기·복합적으로 작용하는 현상을 말한다. 이는 자연과학, 수학, 사회과학 등 다양한 영역에서 연구되고 있다. 건축 역시 복잡계 이론을 따라 설계하는 경우가 있다. 이에 따르면 건축은 기존의 커다란 하나의 공간이 아니라 하나의 작은 단위 요소가 모인 것으로, 각각의 잠재성이 늘어나고 기존에 없던 틈새 사이 공간이 나타나기도 한다. 요소를 어떻게 배치하느냐에 따라 공간 구성이 무궁무진하게 변화하게 된다. 이러한 최첨단의 건축 설계 방법을 이용한 사례가 우리 주변에 있다.

건축가 민현준과 엠피아트 건축사사무소가 설계한 국립현대미술관 서울. 특이한 형태가 아니다 보니 한눈에 봐서는 첨단의 건축

인지 잘 모를 수 있다. 이곳은 여러 개로 나누어진 전시관을 다양한 길과 마당으로 연결해 동선을 통한 공간의 접촉 경험을 극대화한 다. 일반적인 미술관이 전시 공간을 중심으로 한 거대한 단일 건축 이라면, 국립현대미술관은 잘게 쪼개진 독립된 공간이 외부 마당을 사이에 두고 여기저기 뿌려져 있다.

각각의 공간은 독립적이기도 하지만 지하 공간에서 하나로 연결 돼 긴밀한 관계를 맺는다. 그 사이로 사용자는 본인의 의지대로 동 선을 선택해 경험을 만들어 나간다. 또한 이곳은 조선 시대의 '종친 부'와 일제강점기 '기무사'라는 역사적인 장소 사이에 위치한다. 그 결과 다양한 역사적 건축 양식의 모음이 되면서도 서로 잘 어울려 도시 재생의 역할까지 해 준다.

● 국립현대미술관 서울의 외부 공간.

● 국립현대미술관 서울의 내부 공간.

한내 지혜의 숲 도서관

복잡계 건축의 다른 사례로는 운생동 건축사무소가 설계한 서울시 노원구 마들로 한내근린공원 내에 있는 '한내 지혜의 숲 도서관'이 있다. 이곳은 집 모양을 상징하는 오각형 단위로 구성돼 있다. 외부에서 보면 독립된 단위의 작은 집 여러 개가 모인 것처럼 보이지만, 내부를 살펴보면 서로 연결되어 넓게 확장할 수 있다. 전체가 하나의 커다란 공간이 되기도 하고, 필요에 따라 공간을 나눠서 사용하는 것도 가능하다.

내부는 복도로 연결되는데 일부 공간은 비워 놓기도 하고, 투명한 유리를 넣기도 해서 중정(집 안의 건물과 건물 사이에 있는 마당)처럼 보이기도 한다. 형태는 단순하지만, 이러한 틈새 효과는 전체로

현대 사회, 새로운 시대를 담는 건축

퍼져 나가서 공간의 풍부함을 만든다. 내부의 천장은 M과 W가 겹치듯 지그재그로 교차해서 반복되며, 그 사이로 공간이 나타나는 등 다양한 조합을 보여 준다. 또한 도서관의 상징인 책장에 직육면체 선반 형태의 작은 상자로 만들고, 이를 벽과 내부 천장까지 연장해서 이곳이 도서관이라는 것을 인지하게 한다.

복잡계 건축의 가장 큰 특징은 작은 공간을 만들어 내는 단위이다. 기존의 건축은 커다란 전체의 공간이 위계가 제일 높은 중심이었다면, 현대건축은 다르다. 이런 건축이 보여 주는 것은 우리의 일상을 만드는 하찮게 보이는 작은 것이 중요하고, 별일 없는 듯한 하루하루가 중요하고, 위대하고 유명한 사람이 아닌 일상을 사는 평범한 각자의 사람들도 중요한 역할을 한다는 사실과 같다. 이런 하루하루가 모이면 역사가 되고 세계사가 되는 것이다.

● 한내 지혜의 숲 도서관 전면.

● 한내 지혜의 숲 도서관 외부 중정.

디지털 시대, 자연의 원리를 빌리다

● 한내 지혜의 숲 도서관 내부 공간.

이야기를 마무리하며

이 책은 건축가가 건축물을 통해서 세상을 바라보는 관점을 적은 것이다. 매번 작은 건축에서 기껏해야 도시의 공간을 살펴보는 나의 수준은 감히 나름대로 명확한 관점을 가졌다고 하기도 어렵거니와, 건축 분야에서도 어느 정도 지혜로 통달한 정도가 되려면 아직 갈 길이 멀다. 그렇지만 건축을 평생의 업으로 삼아 살아왔으니 건축으로 사회와 세계사를 이해하는 방법을 나름대로 설명해 주고 알려 줄 수는 있을 듯했다. 그 역할을 해 보고자 하는 욕심으로 쉽지 않은 작업을 진행했다.

기존의 글쓰기나 건축설계 작업과는 다른 것이라 이 책을 쓰면서 여러 차례 크고 작은 좌절과 후회도 많았다. 어려운 세계사 지식을 건축을 이용해 쉽고 재미있게 알려 주는 것이 제일 중요한 목표였는데, 막상 쓰는 동안 나의 글은 점점 어려워졌다. 수많은 고민과 씨름하면서 밤새 적은 문장이 쌓여서 일단 무모한 도전을 무사히 마치게 되었다. 성인에게는 어려운 외국어를 어린 학생이 오히려 더 잘 배운다는 사실처럼, 세계사를 내 나름대로 쉽게 풀어 보려 했던 노력이 훌륭하고 뛰어난 독자에 의해 빛이 나기를 간절히 바란다.

무심코 집어 들어서 읽었다가 덕분에 복잡하고 머리 아픈 세계사를 조금이나마 수월하게 이해했다면 이 책의 역할은 다 한 것일 테다. 그리고 그 과정에서 건축에 흥미를 가지게 되었다면 더없이 기쁠 것이다.

셀 수 없을 만큼 많이 그리고 아낌없이 항상 응원해 주고 실질적인 도움을 준 주변 분들과 좋은 기획과 함께 글을 쓸 기회를 준 스테이블 출판사에게 감사드린다.

50개 건축물로 읽는 세계사

고대 피라미드에서 국립현대미술관 서울까지

발행일   초판 1쇄 2024년 3월 14일
          초판 2쇄 2024년 9월 25일

지은이   정태종
펴낸곳   스테이블
기획편집   고은주 박인이
디자인   소산이

출판등록   2021년 1월 6일 제320-2021-000003호
주소   서울시 관악구 조원로 137 602호
전화   02-855-1084
팩스   0504-260-4253
E-mail   astromilk@hanmail.net

ISBN 979-11-93476-02-4 43900